LA FORCE
DE L'AMOUR

AVERTISSEMENT

C'est quelques jours seulement avant sa mort que Michel Baroin, PDG de la GMF et de la FNAC, avait remis le manuscrit de ce livre à l'Éditeur.

MICHEL BAROIN

LA FORCE
DE L'AMOUR

ÉDITIONS ODILE JACOB
53, rue Saint-André-des-Arts, Paris VIe

ISBN 2-02-009631-5

© MARS 1987, ÉDITIONS ODILE JACOB

La loi du 11 mars 1957 interdit les copies ou reproductions destinées à une utilisation collective. Toute représentation ou reproduction intégrale ou partielle faite par quelque procédé que ce soit, sans le consentement de l'auteur ou de ses ayants cause, est illicite et constitue une contrefaçon sanctionnée par les articles 425 et suivants du Code pénal.

Avant-propos

« Le JE est haïssable » : combien de fois m'est-il arrivé de biffer d'une plume un peu agacée cette première personne du singulier, dont mes collaborateurs ne sont pas avares lorsqu'ils préparent la trame de mes discours. Pourtant, en écrivant ainsi les prémisses de ce livre, une certitude m'habite : le moment est venu pour moi de transgresser cet interdit, de parler de moi, de ma vie, de ce que j'ai entrepris, des convictions qui m'animent. Ce qui m'a jusqu'ici retenu appartient désormais au passé. Il a fallu pour cela que le drame fasse irruption dans mon existence, drame soudain, tragique, irréparable. En ce 28 avril, à 7 h 30 du matin, Véronique était là, devant moi, pour la dernière fois, étendue, souriante, sans vie. Nous étions seuls, ultime tête-à-tête, déchirant monologue intérieur, et cette envie d'écrire, de t'écrire, Véro, ma chérie, cette lettre que tu ne recevras pas, que tu ne liras pas, mais qu'il me faut quand même coucher sur le papier : « Tu étais pour nous tous, ta mère, ton frère, ta famille, tes mamies, tes amis, le soleil de la vie. Tu étais la vie et tu distribuais sans jamais compter le bonheur autour de toi. Tu avais, mon amour, le savoir des aimants. Tu étais dépositaire de la lumière. Tu étais l'âme pure par excellence.

Ton peu de temps passé sur cette terre, tu as voulu le consacrer à faire comprendre à nous tous que la vie c'est la gaieté, la joie, le sourire, le rire, ton rire clair, pur comme le cristal, contagieux, apaisant. La vie pour toi, chérie, c'est la tendresse, la générosité, la discrétion sur les autres, la délicatesse, l'action, le mouvement, la motivation, la volonté, l'affirmation de soi en prodiguant aux autres l'intelligence du cœur des êtres et des choses, l'amour et la culture enfin.

Tu avais tout cela, tu le vivais et tu le faisais vivre et tu n'oubliais à aucun moment que la vie c'est aussi l'amitié et que, pour l'entretenir et la magnifier, il faut être présent. Et tu étais partout, apportant dans ton tourbillon de joie un mot pour chacune et chacun, le mot qu'il fallait, juste et fort. Alors, ma chérie, nous t'aimions, tout le monde t'aimait. Comment ne pas comprendre ton message, le dernier : être un trait d'union.

La vie est si courte, n'est-il pas vrai, qu'il faut de toutes ses forces tendre à rassembler ce qui est épars et va vers sa brisure définitive, si l'on ne fait pas ce qu'il faut en temps voulu. Nous en avons parlé... souvent. Pas assez à mon gré, car je sais aujourd'hui que tu savais plus de choses que nous. Pourquoi fallait-il donc que tu meures pour que se resserrent des morceaux écartés et que la vérité s'impose ? Fallait-il que tu paies ce prix-là pour faire comprendre à tous que c'est l'amour qui compte si l'on veut que l'harmonie règne et que l'humanité progresse vers la paix ?

Quelle haine tu as dû susciter de la part de la mort pour qu'elle te fauche ainsi ! Tant d'amour devait lui être insupportable. Tu avais entre tes mains d'enfant, si petites et si fines, le fil directeur. Je t'adore, ma fille, mon amie sûre.

Dans une dernière poignée de main, celle que nous nous donnions, dans nos accords complices et le sourire aux lèvres, nous regardant droit dans les yeux, j'ai décidé de relever le défi, en ton nom et pour toi.

Avec mon dernier baiser de paix. »

Quelques mois ont passé, et ce défi, je le relève aujourd'hui. Je le fais avec d'autant plus de volonté que rien ne m'y contraint, si ce n'est la force de ton souvenir et l'envie qu'il me donne de témoigner, face au désordre du monde, aux grandes catastrophes qui nous menacent, alors que s'achève ce deuxième millénaire si riche de promesses pour l'avenir mais dont le dernier siècle a déjà été marqué par tant de déchirements, d'hécatombes, d'atteintes à la dignité de la personne et aux droits les plus élémentaires de l'homme.

Parce que tu étais l'amour, c'est de sa force que je veux parler, et je sais qu'en lisant ce livre, beaucoup de gens vont découvrir qu'ils pensent comme moi, qu'ils attendent, comme moi, le fil directeur sans lequel les hommes de demain ne peuvent conjurer les périls qui pèsent de toutes parts sur la démocratie et la paix. L'avenir est incertain, et nos concitoyens, emportés par le flot des mauvaises nouvelles, pris dans une sarabande d'événements inintelligibles, agressés par le chaos qui fait irruption jusque chez eux, chaque jour, par les « étranges lucarnes », ne savent comment échapper à leur angoisse. Alors, comme souvent, la peur est mauvaise conseillère : repli sur soi, égoïsme, intolérance, rejet des autres sont les maladies contagieuses d'aujourd'hui. Elles génèrent des courants collectifs d'indifférence et d'atomisation, qui gangrènent lentement nos démocraties, sous le regard sarcastique des totalitarismes de tous poils et de tous bords, prêts à bondir sur cette proie facile qui se délite peu à peu.

Alors que s'ouvrent les horizons du troisième millénaire, comme à tous les moments cruciaux de sa désormais longue histoire, l'homme s'interroge sur son rôle, sa place, son devenir et sa vie. Pour avoir tant de fois remonté un rocher au sommet de la montagne, tant de fois cru qu'il était enfin arrivé au bout de ses peines — et lequel d'entre nous n'a pas eu la conviction que les « trente glorieuses » seraient éternelles, que s'opérait enfin la convergence du socialisme et du capitalisme, que le tiers monde allait enfin sortir des engrenages fatals de la faim et de la guerre —, le citoyen d'aujourd'hui, englué dans une crise qui n'en finit pas, atterré par le spectacle du monde, doute de lui-même, cherche à se protéger, à s'isoler des autres, quand il ne se confie pas à des docteurs miracles dont les prétendues potions magiques ne sont que cautères sur une jambe de bois.

Pourtant, il est une autre voie que de s'abandonner ainsi à nos pires démons. Cette voie, si je la crois possible, c'est que je l'ai empruntée, au fil du temps, d'abord sans trop le savoir, puis à tâtons, en trébuchant parfois sur les obstacles qui se dressaient sous mes pas. Aujourd'hui, j'en parcours fermement les chemins, d'une démarche assurée et, s'il n'est pas dans ma nature d'affirmer péremptoirement ce que je crois juste, il me reste à convaincre, à démontrer, pour que chacun comprenne que, à notre époque, une révolution s'impose si l'on veut préserver la paix, la démocratie, les droits de l'homme.

Je crois que cette révolution est possible à condition que chaque citoyenne, chaque citoyen le veuille. Pour cela, un fil directeur existe ; il nous est offert par la conjugaison des connaissances acquises par l'historien, le biologiste et le philosophe. Il est une aide autant qu'une exigence. Il a pour nom « amour », cette synergie d'énergies qui permet à l'être humain de se valoriser en prenant ses responsabilités, sans ignorer qu'il est solidaire des autres et que, de cette façon, il assure l'équilibre entre les deux impératifs de notre temps, en apparence contradictoires, la sécurité et la liberté, sans jamais précisément sacrifier l'une à l'autre.

AVANT-PROPOS

Tel est le but de cet essai : dire ce que je suis, ce que je crois, ce que je fais, là où j'exerce mes responsabilités, dans ma famille, dans la cité, dans les entreprises dont j'ai la charge, et tirer de cette expérience un message d'espoir pour l'avenir, une morale pour l'individu, une conception de la vie en société. Comme il m'est arrivé de le faire, lorsque je fus désigné grand maître du Grand Orient de France en 1979, pour convaincre mes amis de réfléchir aux grandes questions qui déterminent le devenir de l'homme, je reprends mon bâton de pèlerin. Ce que je fis alors — 398 réunions en deux ans à travers tout ce pays que je connais si bien pour l'avoir tant de fois parcouru, dont je me sens si profondément partie —, je vais le faire à nouveau, mais cette fois d'une autre manière, par la plume qui court ainsi sur le papier, guidé par l'espérance de convaincre que le progrès est possible, pour tous et pour chacun, si l'on veut bien se donner la peine de le définir et les moyens de le maîtriser.

I

Les racines
d'un homme simple

Un coin de France pour un enfant.

L'adulte que je suis, déjà blanchi sous le harnais, bien sûr, à un âge où nos ancêtres, il n'y a pas si longtemps, étaient harassés par le poids des ans, lorsqu'il regarde en arrière, ce que je fais souvent, pense d'abord à ses parents, au milieu dans lequel il est né, à l'éducation qu'il a reçue, à cette longue chaîne dont il n'est qu'un maillon mais dont il est tributaire, pour le meilleur et pour le pire.

Je suis né d'une alliance féconde, celle d'un pays calcaire, dont ma mère était originaire, et d'un pays granitique où vivait mon père, le Morvan, terre rude, où il ne faut attendre de la nature aucun cadeau. De l'une, je tiens ma capacité à supporter, à absorber, cette porosité propre à une roche qui cache sous son relief les eaux souterraines les plus tumultueuses ; de l'autre, j'ai hérité la résistance, la stabilité, le calme qui permettent de traverser les épreuves et de suivre son chemin avec obstination, sans dévier de sa route, dès lors que la décision est prise et l'objectif à atteindre clairement identifié. Il leur a fallu des qualités, à l'un et à l'autre, pour affronter les épreuves de la vie. Et sans doute leurs ancêtres, dont je sais qu'ils furent de tout temps, aussi loin que remonte notre arbre généalogique, des laboureurs, leur ont-ils transmis ces vertus paysannes qui ont tant donné à la France.

Ma mère était orpheline de la Première Guerre mondiale, son père avait été tué au front, comme tant d'autres ruraux qui ont payé du prix de leur sang, du prix de leur vie, l'attachement irréductible à la patrie, appris dans les écoles de la République. Un tuteur s'était chargé de son éducation. A 17 ans, elle a commencé à travailler comme auxiliaire aux PTT. Nous sommes très liés, dans ma famille, à cette administration, car mon grand-père, qui cultivait 25 hectares dont les rendements ne lui permettaient pas de vivre, cumulait le travail de la terre avec un emploi de facteur auxiliaire. C'est dire combien la terre est dure dans cette région du Morvan où les exploitations agricoles sont petites et peu rentables. Il faut travailler sans relâche pour survivre, et, si la robustesse ne suffit pas, elle est tout du moins nécessaire. Or, mon père n'avait pas les moyens physiques de s'engager, à son tour, dans cette voie ouverte par nos ancêtres. Il quitta donc la région pour Paris, entra dans la police pour en gravir modestement les échelons jusqu'au grade d'officier de paix.

L'une et l'autre, elle et lui furent résistants, parmi les premiers. Ils ont ainsi, au péril de leur vie, fait leur devoir, sans jamais chercher à en tirer avantage, parce que c'était ainsi, qu'ils aimaient leur pays, que les mots de courage, de devoir leur étaient familiers. C'est dans ce cadre que mon frère et moi avons été élevés, celui d'une famille ordinaire, sans problèmes particuliers et tout entière tournée vers le travail. Ils m'ont appris tant de choses que je n'ai pas oubliées : la rigueur morale, le respect de la parole donnée, la disponibilité, l'amour du travail bien fait, la claire conscience que l'on n'a rien sans rien, sans apporter le meilleur de soi-même, l'amour de la patrie et de l'engagement au service de son pays. Ils m'ont appris ce que veut dire être un vrai citoyen, acquisition fondamentale pour moi, lorsqu'il m'a fallu voler de mes propres ailes.

La vie à Paris ne m'a pas coupé pour autant de mes racines morvandaises. C'est là que j'ai vécu, en effet, les premières années de ma vie, dans ce haut Morvan, près du lac des Settons, sur ces terres recouvertes aux deux tiers par la forêt, aux horizons fermés, qui soudain s'élargissent à perte de vue, au brusque détour d'un chemin de campagne raviné par les pluies, éclaté par le gel, défoncé par les charrois. Là, j'ai appris ce qu'être paysan veut dire. Libre, en droit certes, car nous avons rompu l'attachement à la glèbe qui fut, des siècles durant, le lot de nos ancêtres, mais tributaire, et si profondément encore, de ce sol exigeant et si peu prodigue, dont il fallait arracher, avec obstination, le moindre épi de blé, chaque jour, matin et soir, de ses mains, de sa peine et de sa sueur. J'ai fait la moisson, les foins, gardé les vaches et partagé avec eux, mes parents, ceux de mon village, cette vie austère, réglée par les saisons et les travaux des champs.

A l'école, dans les dernières années de la IIIe République. Rien n'avait changé depuis Jules Ferry, ni les instituteurs et leur blouse grise ni les méthodes : se mettre en rang, faire silence, apprendre patiemment à lire, écrire, compter, à vivre avec les autres, dans cette petite communauté humaine, où tout était prétexte à pédagogie. Chacun d'entre nous, à tour de rôle, allumait le poêle qui grondait au fond de la classe, dont la chaleur âcre apportait à chacun le confort nécessaire à l'étude. Ainsi en est-il des fonctions les plus humbles : elles ont leur noblesse et, si personne ne les prend en charge, aucune vie sociale n'est envisageable. J'ai reçu là un enseignement laïque, et le mot de laïcité a gardé pour moi une grande signification. Il est synonyme de respect de la personne humaine, de liberté de penser, de possibilité offerte à chaque individu de choisir, y compris ses conceptions métaphysiques. L'école laïque reste à mes yeux indissociable de la République, dès lors qu'elle forme des citoyens responsables et tolérants, attachés aux libertés et décidés à les défendre comme le plus précieux des biens, avec la paix. Lorsque cesse la paix, c'est la vie qui est menacée, et j'aime passionnément la paix parce que j'aime passionnément la vie.

Ce goût de vivre, je le tiens sans doute de mes ancêtres, car il fallait aimer la vie pour s'accrocher sans désespérer à ces arpents de terre escarpés, si avares de leurs bienfaits. Lorsque je dis mes ancêtres, c'est surtout à mon arrière-grand-mère que je pense, femme extraordinaire, morte à 96 ans, qui fut pour moi le modèle permanent de la joie de vivre. Et pourtant, que de drames dans sa vie ! Veuve depuis longtemps, elle avait perdu aussi son fils, ancien aide de camp du maréchal Lyautey. Elle avait cependant traversé ces épreuves sans que jamais ne fussent altérées sa joyeuse détermination à vivre — à 80 ans, elle allait encore à pied chercher sa pension à 10 kilomètres de chez elle —, son attention aux autres, à qui elle donnait l'essentiel de son argent.

Vivre pour soi, mais aussi vivre pour les autres et protéger la vie. De cela, j'en suis depuis longtemps imprégné, depuis ce jour où, conduisant les vaches au pré, je vis des soldats allemands sortir brusquement des taillis, courir derrière un civil et l'abattre là, à 20 mètres de moi, comme un lapin. C'était un résistant, je ne savais pas alors où était le bon et le mauvais camp, mais cette scène a fait de moi un militant farouche, exigeant, rigoureux, de la paix.

La vie et l'école, l'école et la vie, couple indissociable, si étroitement mêlé dans nos campagnes, où l'on apprenait ici l'histoire de notre pays à travers *le Tour de France par deux enfants,* et là les réalités contemporaines par l'enracinement dans un terroir dont on ne sortait guère. Hier et aujourd'hui, le passé et le présent, mêlés l'un à l'autre, instruction civique, formation permanente du futur citoyen, quête de cette « identité française », chère à Fernand Braudel, que nous touchions du doigt par les livres autant que par la vie, dans ce petit coin de France que la guerre cloisonnait encore davantage. Ni radio ni journal, seule la convivialité nous reliait aux autres, trompait la solitude et avec elle l'angoisse du lendemain. On chantait, on dansait en jouant de la musique. J'avais un oncle devenu virtuose de l'accordéon, d'instinct, sans jamais l'avoir appris, et les jours s'écoulaient ainsi, traversés de joies intenses, malgré la dureté du temps et l'acharnement des hommes à semer la mort jusque dans les plus paisibles hameaux. Mon éducation fut ainsi faite, par ma famille, à l'école, parmi les gens de cette région, rigoureux, courageux, habités par le sens du devoir, le goût du travail bien fait, de ce barreau de chaise bien poli dont parlait Péguy, dans cette nature qui ne fait pas de cadeau, mais avec laquelle il faut bien composer pour tenir. J'y ai aussi appris à n'être point envieux. Au plus, y ai-je puisé un besoin de justice, qui ne se limite pas à une simple répartition des revenus. L'argent, en effet, et pour cause, n'y est point une raison de vivre. Je n'ai jamais entendu parler d'argent chez moi. Simplement, il ne fallait pas gaspiller. Mes parents gagnaient leur vie par leur travail. L'argent ne les intéressait que dans la mesure où ils pouvaient s'en servir pour vivre convenablement, nous permettre de faire des études et en faire bénéficier les autres. Il faut penser aux autres, ai-je souvent entendu dire. Sans jamais avoir été envieux, j'ai cependant toujours nourri la volonté de réussir. Réussir... Je ne sais trop ce que cela signifie ; peut-être est-il plus juste de dire que j'ai appris la volonté de créer, qu'au travers de cette éducation, de ces échanges, dans des milieux modestes, les règles de vie conduisent à penser que le devoir de chacun est de participer au mieux-être de ceux qui nous entourent, que la richesse, elle, est « d'homme », elle est faite d'hommes. Peut-être est-ce pour cette raison que je condamne l'assimilation de l'homme à l'argent. C'est pourquoi, à mon sens, s'il est légitime de parler de ressources financières à propos d'une entreprise, il ne faut pas en même temps parler de ressources humaines. Je dirais volontiers que, dans une entreprise comme dans la vie, les ressources financières sont indispensables, mais les richesses humaines sont bien meilleures. La richesse n'est pas ce que l'on croit. Elle naît au hasard des événements.

Les gens, pour la plupart, étaient pauvres. Pour faire les moissons et les foins, il n'était pas question d'embaucher des journaliers. Ce sont les voisins, la famille qui leur venaient en aide, leur prêtaient le matériel : coopération, solidarité sont garantes de la sécurité, et l'expression même de la liberté. L'entraide s'imposait à nous comme un phénomène naturel, et cette simple leçon n'a pas été perdue pour moi.

Tel est le fil d'Ariane qui me guide encore maintenant dans le monde complexe où nous vivons. Le chemin tracé par mon enfance, l'éducation que j'ai reçue de mes parents, de mes maîtres, de mes proches et de ceux qui m'étaient chers, j'ai essayé depuis lors de les suivre. Les vertus qu'ils m'ont inculquées me sont encore précieuses. Loin des tumultes parisiens, il m'arrive très souvent de retourner dans le Morvan, quitté lorsque le moment fut venu pour moi d'entrer au lycée, mais qui m'offrait encore aux vacances l'oxygène vivifiant de ses plateaux balayés par le vent. Encore aujourd'hui, j'y retrouve très vite mon accent et l'usage du patois mais, plus encore que cela et que les souvenirs émus d'une jeunesse envolée, cette authenticité que seules donnent les racines et, avec elle, une identité qu'il convient de préserver, malgré les bouleversements subis et les transformations souhaitées. Au risque de paraître démodé, cette France-là, je souhaite qu'elle ne disparaisse pas. Elle a produit des vertus, des valeurs, polies par une si longue histoire, dont nous aurons besoin pour résister aux coups de boutoir des fanatismes, des crises économiques, des chambardements sociaux qui sèment parmi nous le doute, la confusion, donc l'angoisse du lendemain et la peur du voisin. En écrivant ces lignes, en recherchant ainsi, dans les émotions de l'enfance, les ressorts profonds de mes pensées d'aujourd'hui, c'est au *Tour de France par deux enfants* que me conduisent mes souvenirs, à ces lignes tant de fois lues et relues depuis lors, dont l'actualité, bien des années après, me fascine encore : « Rien ne soutenait mieux le courage d'André et de Julien que la pensée d'un devoir à remplir. Par un épais brouillard du mois de septembre, deux enfants, deux frères, sortaient de la ville de Phalsbourg, en Lorraine. Ils venaient de franchir la grande porte fortifiée qu'on appelle Porte de France... »

Afin d'essayer de mieux comprendre ce qui se passe chez nous, l'idée d'y faire un voyage paraît séduisante.

Elle n'est pas neuve.

Il est une période de notre histoire, entre 1680 et 1715 — qui ressemble à s'y méprendre à notre époque par quelques-uns de ses traits les plus marquants —, où les Françaises et les Français voyageaient beaucoup. « Si vous êtes curieux, allez voyager », disait-on volontiers. Et l'on voyageait de père en fils.

Si nos grands classiques étaient stables, Voltaire, Montesquieu, Rousseau, Diderot étaient des errants. Ils véhiculaient l'esprit de la France.

Chemin faisant, nous avons interrogé Jacques Bonhomme, le Celte, sur ce qu'il pense de son pays.

De taille haute, un peu voûté, enveloppé dans sa pèlerine de drap couleur nuit, le visage anguleux encadré d'une barbe presque blanche, Jacques Bonhomme avait des yeux d'un bleu si clair qu'ils étaient presque transparents et brillaient d'un éclat singulier. Il paraissait sans âge.

Il sait bien, Jacques Bonhomme, que son nom lui fut donné par dérision pour désigner la patience niaise avec laquelle il s'est laissé faire par les autres. On se moquait de lui à la cour de Charles VI le Fou. Lorsqu'un gentilhomme, imitant les prodigalités désordonnées des gens de cour, avait épuisé ses ressources, il rassurait ses créanciers et se rassurait lui-même, à l'occasion, en disant : « Jacques Bonhomme paiera tout. »

Cependant, tout prend fin, même la patience des plus patients. Un jour vint, en effet, où Jacques Bonhomme essaya la « jacquerie ». Cela ne lui réussit guère. Longtemps après, il se fit révolutionnaire et ne perdit, cette fois, ni son temps ni sa peine, enfin pas tout.

Depuis lors, quelquefois vainqueur de ses oppresseurs, plusieurs fois vaincu, moins par eux d'ailleurs que par ses propres inconséquences, il a pris une grande avance.

Il a contracté l'habitude de la réflexion. S'il continue à réfléchir, ses oppresseurs n'auront qu'à bien se tenir... Jacques Bonhomme serait tout à fait capable de rentrer dans ses biens, car il n'a jamais manqué ni d'esprit, ni de bon sens, ni de cœur.

Écoutons-le ; il est lyrique car il aime son pays :

JACQUES BONHOMME : La France, c'est un épanouissement d'images. Un petit village autour de son église, niché dans un vallon, une ville opulente de travail, des montagnes grandioses vieilles comme le monde, un désert de forêts aux essences variées, des vignobles montant à l'assaut des coteaux ; d'immenses étendues de plaines enrichies où les grands blés ondoient, en Champagne ou en Beauce, ou bien encore en Brie, ou bien des lopins de terres entourés de haies ; des troupeaux dans les champs.

La France, c'est aussi l'océan gris ou vert choquant des roches dures, ou la mer azurée.

C'est l'Auvergne avec le puy de Dôme, le roi des monts de ce pays, puissant et lourd, conservant sur sa tête, telle une couronne posée par le plus grand des peuples, les restes d'un temple romain.

C'est les Pyrénées, où se jouxtent les Basques et les Celtes Gascons encadrés par les Maures.

C'est la Provence, qui sut héberger tous les peuples.

C'est la Normandie, l'Ile-de-France, berceau de notre langue.

C'est le mont Beuvray, où les druides en cortège rejoignaient le sommet de Bibracte, chaque année, le sixième jour de la dernière lune d'hiver, en février ou en mars, lorsque le gui, étalant son feuillage toujours vert et les touffes jaunes de ses fleurs nouvelles sur les branches colossales et grises du chêne, l'arbre d' « Ésus », présente seul l'image de la vie au milieu d'une nature stérile et morte.

La France, enfin, c'est Paris, le plus beau lieu du monde dont Anatole France disait qu' « il est le merveilleux endroit où l'on trouve de l'eau, des arbres et des livres et où passent les femmes ».

« On y voit, écrit-il, dans *Pierre Nozière,* le Palais de Justice, la flèche rétablie de la Sainte-Chapelle, l'Hôtel de Ville, les tours de Notre-Dame.

C'est là qu'on ressent mieux qu'ailleurs le travail des générations, le progrès des âges, la continuité d'un peuple, la sainteté du travail accompli par les aïeux à qui nous devons la liberté et les studieux loisirs.

C'est là que j'éprouve pour mon pays le plus tendre et le plus impérieux amour. »

La mission de Paris, dit Jacques Bonhomme, c'est d'enseigner le monde. De ces pavés, qui ont été tant de fois soulevés pour la justice et pour la liberté, ont jailli les vérités qui consolent et qui délivrent des angoisses.

MOI : J'apprécie et je m'enthousiasme, Jacques, pour ton incomparable amour de la patrie. Crois-tu que cet élan qui est le tien soit partagé par beaucoup de gens de notre pays ?

J. B. : Je t'en prie, mon ami, ne soyons ni naïfs ni sceptiques. Laisse-moi simplement te rappeler comment naquit la France.

Lorsque Hugues Capet accéda par l'élection au trône, en 987, une dynastie s'installa pour des siècles. Née du régime féodal, elle en avait la faiblesse et la force. Mais les Capétiens avaient du bon sens et le sens du service.

Rendre service, que voilà donc belle devise !

Avancer pas à pas, consolider chaque progrès, compter les deniers, se garder des ambitions excessives, des entreprises chimériques, avec un sentiment d'honorabilité bourgeoise plus que princière et avoir le goût de l'administration. Tels furent les Capétiens !

Les Bourbons ne firent pas moins. Écoutons la voix d'Henri IV : « La France et moi avons besoin de reprendre haleine ; cela se fera petit à petit, *Paris ne s'est pas fait en un jour.* »

Que de sagesse paysanne ! On marche en mettant un pas après l'autre, en tâtant bien le sol pour vérifier s'il est solide ou meuble, et l'on pose le pied quand on est assuré de sa sécurité.

Nous sommes loin de l'agitation sans frein des gens de notre époque qui semblent ne savoir où donner de la tête, ni prendre le temps de vivre. Et la vie est si courte...

Devant l'excitation de certains de nos législateurs soucieux de paraître, j'évoquerai Descartes : « Comme la multitude des lois fournit souvent des excuses aux vices en sorte qu'un État est bien réglé lorsque, n'en ayant que fort peu, elles y sont étroitement observées. »

MOI : N'est-ce point là, mon ami, exemple de sagesse auquel il conviendrait, ma foi, de faire référence ?

J. B. : J'avoue, vois-tu, que l'idée parfois m'en vient à l'esprit.

Comment un peuple, qui a tant de nobles qualités, d'ingéniosité, de cœur, d'enthousiasme et de courage, peut-il admettre sans honte aux regards de son propre passé *(et je laisse au silence l'élan inoubliable de la Résistance)*, que le comportement de citoyennes et citoyens ait pour noms : distance, renoncement, égoïsme, aveuglement, incompréhension. Et, pourtant, Dieu que la France est belle !

MOI : Tu vois bien.

J. B. : Oui, je vois, j'entends, j'aime. J'ai recueilli, parcourant ce pays, de merveilleux accents. Écoutez-les parler, ces gens de la Thiérache à l'esprit prompt, à l'humeur querelleuse.

Qu'y a-t-il de plus étranger que ceux du pays

d'Auch pour ceux de Condom, que ceux de Biarritz pour ceux de Mont-de-Marsan ?

Y a-t-il une ressemblance entre les mots et les tours de la langue picarde avec ceux de la vieille langue des Celtes de Bretagne ou bien avec le roman de nos chers Provençaux et la langue occitane ?

Ce sont ces gens-là qui assurent notre survie naturelle et morale.

Qu'y a-t-il de plus noble que l'attachement d'un paysan à la terre, la foi de l'inventeur, l'esprit d'initiative, la joie de créer, la gentillesse, la générosité, la flânerie ?

Plus, j'ai cru comprendre qu'il y a des Françaises et des Français pour qui le sens moral est plus important que l'intelligence, et le culte de l'esprit critique, une garantie pour la liberté.

J'ai cru comprendre qu'il y avait, en France, des gens pour qui l'amour vaut mieux que la haine.

MOI : Alors, tu aimes la France ?

J. B. : *Oui, j'aime la France et je crois en son destin !*

Ici s'achève mon dialogue avec Jacques Bonhomme, qui reprit sa route avec la foi du charbonnier.

La France, ses femmes et ses hommes, leurs accents et ses paysages, n'est pas une image d'Épinal magnifique et glorieuse. Elle vit avec ses institutions, ses habitudes, son passé, son Être.

Quel est son devenir dans un univers en destabilisation fondamentale et en mutation forte ? Est-elle prête à faire face ? Y est-elle préparée ?

*Il n'y a rien de plus beau
que de servir l'État.*

Le lycée, le baccalauréat, une licence en droit, un diplôme de Sciences-Po : de la communale d'un village du Morvan à la glorieuse institution de la rue Saint-Guillaume ; des grands-parents paysans, des parents fonctionnaires subalternes et moi, bardé de diplômes ! Quel plus bel hommage rendre à l'école de la République que d'avoir ainsi permis, en une ou deux générations, à nombre d'enfants d'origine rurale et modeste, de gravir, avec les échelons du savoir, ceux de la hiérarchie sociale. Ceux qui avaient inscrit au fronton de nos mairies la devise républicaine « Liberté, Égalité, Fraternité » eussent été, je crois, heureux de voir que cette Révolution n'avait pas été inutile. Certes, nous étions loin encore, et cela vaut aussi aujourd'hui, de l'égalité des chances, mais enfin, que de chemin parcouru depuis Guizot, Duruy, Ferry pour qu'entre dans les faits cette promotion des talents par l'école, si heureusement substituée aux privilèges héréditaires de la naissance qui prévalaient avant 1789 et figeaient une société qui ne demandait qu'à éclore dans le cadre de la démocratie politique.

A cette époque, comme la majorité des jeunes, je n'avais que peu d'idées sur mon avenir. J'ai donc opté pour la fonction publique, à la fois par atavisme, ma mère travaillant aux PTT et mon père dans la police, et par révérence envers l'État, garant de l'intérêt général. Pour moi, un fonctionnaire n'était pas un homme comme les autres. Il faisait partie de la noblesse des temps modernes, avec les obligations liées au service public mais aussi avec la charge de faire appliquer la loi, respecter le droit et ses principes généraux inscrits dans la Constitution et enrichis par la représentation nationale. Quel beau métier, en effet, que celui qui vise à l'utilité sociale au nom d'une éthique, d'une morale dont la finalité est d'être au service de la collectivité ! Servir l'État, oui sans doute, mais dans quel corps ? Le champ était vaste, et j'avais opté pour l'inspection des impôts. Le hasard, les circonstances en décidèrent autrement. Je faisais alors mon service militaire à la Direction générale du commissariat de l'air de Dijon et nous reçûmes à déjeuner, au mess des officiers, le président du tribunal administratif de Dijon, auparavant directeur du personnel de la police nationale. Ce repas décida de ma carrière. Il me conseilla de renoncer au concours d'inspecteur des impôts pour passer celui de commissaire de police : « Il n'y a pas eu de recrutement depuis quatorze ans ; vous allez faire une carrière extraordinaire. » Qui résisterait à de telles perspectives ? Et puis, il y avait mon père, officier de paix, qui avait renoncé à profiter des facilités offertes par les textes aux anciens résistants pour devenir commissaire divisionnaire. Choisir cette voie, c'était aussi lui rendre hommage. Il y aurait un Baroin commissaire et c'était bien ainsi. C'est avec une détermination forte que je passai les épreuves. Le résultat fut à la hauteur, même au-delà de mes espérances. Je fus reçu major de l'École nationale supérieure de Saint-Cyr au Mont-d'Or.

En cette année 1956, ce que l'on n'appelait pas encore la guerre d'Algérie ensanglantait chaque jour davantage ce département français. Encore une fois, le hasard allait façonner mon existence, mais je m'en suis rendu complice parce qu'il n'y a rien qui suscite en moi autant de réaction que l'injustice. A l'issue du stage, à Saint-Cyr, les futurs commissaires de police étaient classés par ordre de mérite et affectés en fonction de ce classement. Nous étions dans ma chambre, accoudés à la fenêtre avec quelques amis, quand, brusquement, nous entendîmes des voix s'élever distinctement jusqu'à nous. C'était le jury qui siégeait. Nous avons passé tout l'après-midi à écouter leurs propos, appliquant les bons réflexes du métier avant même de l'avoir exercé. C'est alors que je fus choqué, heurté, révulsé par le verdict rendu sur l'un de mes camarades de promotion : « Celui-là, il faut l'expédier en Algérie. C'est un contestataire, il n'est jamais content. Cela lui apprendra à vivre. » Sans mot dire, je laissai le jury aller au terme de son classement, mais, au fond de moi, ma décision était déjà prise. Mon affectation initiale était Lille ; j'allai à Paris voir le directeur du personnel de la police pour lui dire mon désir de servir en Algérie et de permuter avec ce « contestataire ». C'est ainsi que ce dernier se retrouva dans les brumes du Nord tandis que je partais dans la fournaise maghrébine.

Avec le recul du temps, je sais que j'ai réalisé ainsi, en partie, un rêve nourri dès Sciences-Po. J'avais alors des parents au Maroc, et mon sujet de thèse portait sur « le nationalisme marocain ». Cette thèse m'avait permis de me promener dans ce pays. Pour bien me pénétrer du problème, j'avais saisi la chance de participer à une enquête, avec des fonctionnaires de police français, dans le Tatla, à la suite d'un attentat qui venait d'être commis. C'était le premier : deux instituteurs avaient été assassinés alors qu'ils se promenaient dans la montagne. Aussitôt, des enquêtes avaient été menées et on avait pénétré le système de l'Istiqlal. Le parti de l'indépendance reposait en fait sur les Zaouïas. Ces sortes de confréries religieuses, mais aussi socio-professionnelles, étendaient leurs ramifications dans tout le Maroc. L'Istiqlal les avait toutes infiltrées. Au cours de l'enquête, j'avais rencontré des chefs nationalistes, parlé avec eux, vécu chez les caïds. Tout cela m'avait passionné. Je m'étais dit : « Voilà le métier qu'il faut faire. » J'avais demandé à être reçu par un contrôleur civil, et je voyais le travail qu'il accomplissait : économique, certes, constructeur de routes, aménageur de villages, mais aussi, en quelque sorte, assistant social et magistrat tout à la fois. Il devait, en effet, mener une action sociale et rendre la justice. C'était un métier de plénitude, un peu comme celui des administrateurs de la France d'outre-mer, à cette nuance près que le Maroc étant sous protectorat, il ne l'exerçait pas en gestion directe.

Voilà pourquoi l'Afrique du Nord ne me répugnait pas. J'aimais bien cette mentalité, j'aimais bien les Arabes. Quand on parlait de l'Algérie, on oubliait un élément essentiel : les Algériens, ce sont finalement des paysans, des gens de la terre. Un jour, d'ailleurs, je me promenais à Paris, sur le boulevard Barbès, avec mon oncle du Morvan ; il marchait devant moi ; à côté de lui, des Algériens déambulaient. Je me suis dit : « Ils sont pareils, ce sont des ruraux, pantalon un peu trop court, veste un peu étriquée, pas très élégants et le même balancement dans la démarche. »

J'arrivai donc en Algérie, ayant concilié mon rejet de l'injustice et mon attirance pour l'autre rive de la Méditerranée. Selon les directives que nous avions reçues, il fallait être « juste, humain, tout en restant ferme ». Beau programme, en effet, mais qu'est-ce que la justice, la fermeté, l'humanité quand les hommes s'entre-déchirent, se tuent, que la haine embrase jusqu'au moindre village ? Et pourtant, rien à Ténès, magnifique port de pêche entre Mostaganem et Cherchell, ne laissait présager cette violence que j'allais rencontrer et subir même dans ma chair puisque je fus blessé dans l'exercice de mes fonctions : la ville européenne ; autour, la vieille ville arabe, une des plus vieilles mosquées d'Afrique du Nord, le balancement des bateaux dans le port, la brise du large qui s'obstinait à apporter un peu de douceur pour nous rendre supportable la chaleur lourde de l'intérieur et, tout près de là, ce massif du Dahra que le directeur de la police d'Alger m'avait signalé dès mon arrivée comme un foyer potentiel de rébellion. Derrière les premières collines qui surmontaient Ténès, la menace, aujourd'hui ; la guerre, peut-être demain ; la violence et la mort, engrenage fatal porteur des drames que l'on sait.

Huit jours après mon arrivée, le premier policier était tué, un Algérien, un homme formidable, abattu en pleine ville arabe. On avait placé sur son bras un carton portant l'inscription : « Armée de libération nationale ».

Je gardais pourtant le contact avec la population arabe, y compris celle qui penchait pour le FLN ; des Algériens venaient me voir. Souvent, ils me disaient : « Il va falloir qu'on vive autrement, arrêter tout ça. » Mais l'échec franco-anglais, lors de l'expédition de Suez en 1956, entraîna une reprise phénoménale des attentats. Ceux qui avaient eu des contacts avec moi, non pas des indicateurs mais des hommes de bonne volonté qui essayaient de promouvoir une évolution, d'aller vers une entente, étaient condamnés à mort.

Je continuais pourtant à me promener, sans armes, dans cette vieille ville de Ténès où je me sentais bien. Ce n'était pas très prudent, très lucide, j'en conviens aujourd'hui, mais j'étais jeune, je ne voyais pas le danger. En outre, à mes yeux, il était important de s'estimer, de garder le contact. L'espoir d'éviter le pire m'habitait encore et je refusais la fatalité. Pourtant, l'engrenage était enclenché, à Ténès comme ailleurs. La guérilla poussait ses actions jusque dans la ville : un jour, alors que je circulais en camion, je fus blessé : on tirait de partout, en pleine ville ;

nous étions impuissants. Il y avait le port, des marécages, des joncs, des remparts. Les rebelles montaient dans la ville, tuaient qui ils voulaient, quand ils voulaient, puis sautaient par-dessus les remparts. Impossible de les retrouver. Le drame était quotidien, et il devenait chaque jour plus difficile de contrôler nos nerfs.

Un jour, 15 militaires français furent tués dans une embuscade. On les ramena dans la salle de l'hôpital de Ténès, tous alignés les uns à côté des autres. C'était atroce. Dans ces circonstances, le responsable de l'ordre public, c'est le commissaire de police. Avant d'arriver à l'hôpital, ce cortège macabre, encadré d'hommes en armes, avait traversé la ville. Un colonel, qui était aumônier, marchait en tête. On imagine le climat. Sur le trottoir, des montagnards regardaient passer cette longue file et, tout à coup, le colonel ordonne : « Découvrez-vous ! » Les Algériens ne comprenaient rien... et l'un d'entre eux a déguerpi. Cela s'est mis à tirer dans tous les coins et, par miracle, personne n'a été blessé. J'ai été obligé d'intervenir très fortement et d'interdire aux militaires, dans des cortèges funèbres, d'avoir les armes... prêtes à tirer. Cela donne une idée de l'atmosphère. C'était complètement électrique, c'était irrattrapable. On avait pourtant essayé, à une époque, d'éviter le pire : les accords Blum-Violette de 1936, du nom du président du Conseil et du résident général, étaient de bons accords. Ils allaient vers l'égalité des droits. Mais c'est toujours la même chose : on fait des projets, on les impose, mais on ne les explique pas. Il faut expliquer aux gens et puis bien faire comprendre et ne démarrer que lorsqu'on est assuré que chacun a bien compris. Il faut rechercher le *consensus*. Mais cette démarche n'avait pas été appliquée. On avait mis en œuvre des projets sans se soucier de savoir si cela correspondait aux besoins des gens, si cela pouvait être accepté ou compris. Alors, s'est créé un climat d'incompréhension sur des projets qui pourtant étaient nobles, et qui eussent été valables. Il aurait fallu les expliquer aux deux communautés. Je crois que tout cela résulte de l'insuffisante prise en considération du facteur communication et d'un déficit de considération à l'égard des populations concernées.

Lorsque je suis retourné en Algérie, en 1969, j'ai voulu revoir Ténès et montrer à mon épouse cette ville qui restait gravée dans ma mémoire. Rien n'avait changé, même pas l'hôtel qui avait été détruit et était resté en l'état, comme les poteaux téléphoniques, sciés par les combattants du FLN et jamais remplacés. Des gens m'ont reconnu alors que je déambulais dans les rues à la recherche de mes souvenirs. Ils sont venus vers moi pour me serrer la main, treize ans après. Malgré tous ces drames vécus, le sang versé, la douleur et les larmes, un peu de fraternité avait ainsi traversé le temps. J'en fus profondément ému. Comme tous les autres, Algériens, pieds-noirs, métropolitains, j'avais aimé cette terre et ces hommes, venus d'horizons divers, qui s'étaient trouvés là, à un moment de leur vie, différents mais ensemble, jusqu'à ce que le destin, les pesanteurs de l'Histoire en décident autrement, quelquefois malgré eux. Comment aurais-je été insensible à ces gestes ? J'avais vécu au milieu d'eux, certes peu de temps, mais, en ces heures où tout basculait, chaque minute valait un jour et ces neuf mois une éternité. Le poids des choses est si lourd lorsque l'amour et la générosité sont submergés par la haine et l'égoïsme ! Tant de richesses humaines existaient pourtant, chez les nationalistes, chez les pieds-noirs, chez ceux des musulmans qui avaient choisi la France. Je me souviens encore aujourd'hui de cette famille qui était partie d'Alsace en 1870, chassée par les troupes de Bismarck, pour s'implanter en Algérie. Au fil du temps, au prix d'un labeur acharné, elle avait acquis une situation enviable : des terres fertiles, des revenus confortables, des responsabilités électives et puis, presque cent ans après, encore une fois la débâcle, le désespoir, l'Organisation Armée Secrète, qui avait condamné de Gaulle à mort et, au bout du compte, l'exil, après avoir perdu tout ce qui avait été construit. Il en est que le destin poursuit d'une hargne implacable et dont on se demande s'ils trouveront un jour ce coin de terre dont ils rêvent encore, entre Alsace et Algérie, loin des tumultes de l'Histoire qui bousculent les hommes et brisent les vies patiemment construites ou reconstruites au prix de tant de sacrifices.

Quelle étrange situation était la nôtre, là-bas ! Nous avons tout fait pour perdre ce pays que nous aimions passionnément, faute de le connaître vraiment et de nous intéresser aux ressorts profonds, aux mentalités de ceux qui l'habitaient avant nous. Nous n'avons pas su leur témoigner la considération à laquelle ils avaient droit. Qu'on me pardonne cette boutade : Ben Bella, il aurait fallu le nommer général ! Jamais, nous n'aurions dû laisser à l'Égypte le soin de former ces militants. La formation à laquelle ils aspiraient, nous ne la leur avons pas donnée. Et pourtant, malgré tout, certains d'entre eux nous étaient fidèles, nous aidaient dans cette ultime tentative, tardive et désespérée, pour s'accrocher au terrain. Pour sauver les informateurs musulmans que j'avais à Ténès, et qui jouaient leur vie à chaque contact avec nous, il n'y avait pas d'autre moyen, lorsque l'étau se resserrait sur eux, que de faire courir le bruit de leur mort et, le moment venu, de les faire passer discrètement en France. L'un d'entre eux a réussi, plus tard, en France, et je l'ai revu, riche propriétaire de vignes en Corse, puis travaillant dans l'import-export avec les pays arabes.

Que de capacités d'adaptation, d'esprit d'aventure, de

réussites potentielles ont été ainsi gaspillées faute d'avoir cherché à comprendre ! J'en garde encore la nostalgie.

En quittant Ténès, j'ai regagné la métropole où j'ai pris la fonction de commissaire de police à la sécurité publique... à Lille, là précisément où j'aurais dû aller dès ma sortie de l'école. Ma femme et moi venions de nous marier. La quête d'un appartement nous fut agréable malgré les difficultés inhérentes à ce genre de sport, en cette fin des années cinquante où sévissait encore la crise du logement postérieure à la guerre. Notre choix se porta sur un immeuble situé à Hellemmes, sur la route de Roubaix, avec ses pavés, son trafic routier incessant, voitures, motos, poids lourds. Lorsqu'il faisait chaud, on ouvrait les fenêtres, et c'était comme si la route passait au milieu de l'appartement, avec en prime les moustiques. Fermées, les fenêtres amortissaient un peu ce hourvari, mais leurs vibrations, ajoutées au reste, rendaient toute conversation difficile. L'enfer du Nord, pour nous, méritait bien son nom ! Pourtant, après avoir rapidement déménagé dans un quartier plus calme, cette période de ma vie fut particulièrement plaisante. Sur le plan familial, bien sûr, mais aussi humain, car la ville de Fives était très agréable et les habitants tout à fait sympathiques et chaleureux. C'était comme un village, très « convivial », pour reprendre un terme à la mode, et il y avait une communion entre les gens que l'on rencontre assez souvent dans cette région de France. Venant d'Algérie, je souscrivais par avance aux paroles de cette chanson célèbre d'Enrico Macias sur « les gens du Nord ». C'est là, dans cet arrondissement ouvrier de Fives-Lille, que j'ai appris mon métier, au milieu d'une population modeste, essentiellement composée des travailleurs des 350 usines de l'endroit et de leurs familles. J'avais un secrétaire-chef extraordinaire qui m'a appris comment vivait cette communauté humaine.

A côté du commissariat se trouvait le siège du sporting-club. Ça s'appelait « Chez Delduc » : une forte femme, le patron, au nez proéminent et rouge. Et là, on mangeait des saurets... des harengs saurs. La première fois que j'en ai « dégusté », j'ai failli mourir. C'était un rituel : à 10 heures, ils allaient tous manger des saurets « Chez Delduc » et boire de la bière.

La guerre d'Algérie faisait alors rage en métropole. A l'intérieur de la communauté algérienne, les affrontements entre partisans du FLN et du MNA (Mouvement nationaliste algérien de Messali Hadj) étaient violents. Ils se terminaient souvent par des morts. Un jour — j'étais de permanence avec un inspecteur de police astucieux —, un homme a été tué, et il gisait au milieu de la chaussée. Mon collègue regarde et me dit :

— C'est pas possible, ça ; il n'a **pas** pu être tué là.

— Comment il n'a pas été tué là ?

— Regardez la trace de la balle, il y a un trou sur le mur là-bas, et puis il a la tête comme ça... ce n'est pas possible.

Nous avons finalement résolu l'énigme. Parfois, la limite des arrondissements passe au milieu de la chaussée. Pour éviter l'enquête, les policiers de l'arrondissement d'à côté avaient poussé le corps sur notre quartier. Nous avons repoussé le cadavre de l'autre côté et les avons appelés, pour leur dire d'un ton martial : « Ça, c'est à vous, reprenez-le ! »

Le métier de commissaire de police est une école riche d'enseignements. On voit des crimes, des suicides, des meurtres, des assassinats, le plus souvent la nuit, d'ailleurs. C'est un rude métier que de s'occuper ainsi des urgences sociales comme « SOS Médecins » dans le domaine de la santé. Tout peut arriver d'un moment à l'autre. Il faut toujours se rendre sur les lieux, constater, rédiger et accepter d'être confronté à toutes les réalités humaines. Le suicide est l'une des plus dramatiques. C'est ainsi qu'un jour, je fus appelé pour un homme qui s'était suicidé en se pendant à son poirier. C'était une de nos villas caractéristiques : la maison, les gens sur le pas de la porte, le jardin et, au milieu du jardin, un seul arbre, le poirier, et le gars pendu au poirier. C'était impressionnant, comme dans un film d'horreur. J'arrive avec le brigadier, d'un mètre quatre-vingt-dix, un sacré costaud. Il me regarde et me dit : « M'inch commichaire, c'est votre premier pendu ? » Il sort son couteau, coupe la corde et me tend le morceau : « Cha vous portera bonheur...! » Je l'ai pris et j'ai dit à mon secrétaire-chef : « Mets ça dans ta poche, ça te portera bonheur... » Deux ans après, il s'est tiré une balle dans la tête. Il était tombé amoureux de la marchande de légumes du marché ; ça n'avait pas marché. Il ne faut jamais penser que la corde d'un pendu porte bonheur.

C'est ainsi que l'on découvre la vérité des gens, que l'on sent une société avec ses peines et ses joies, ses misères et sa grandeur. Accompagner un huissier pour une saisie et se trouver ainsi face au dénuement extrême : on voudrait aider, faire quelque chose, et l'on ne peut rien, sinon accomplir son devoir, quoi qu'il en coûte. L'horreur est au détour du chemin, quand l'incendie embrase tout un quartier de la ville occupé par des Nord-Africains et que l'on découvre le cauchemar tout en organisant les secours d'urgence, l'arrivée des pompiers, le maintien de l'ordre. Le drame révèle des pans entiers de la vie sociale qui demeurent cachés pour la plupart d'entre nous. Ainsi me fut-il donné de rencontrer une vieille dame à la suite d'un incendie. Ils étaient alors très fréquents à cause des poêles à charbon et des cheminées plus ou moins bien ramonées. Mariée, elle était amoureuse d'un vieil homme qui avait péri dans l'incendie. J'arrivai sur les lieux avec les pompiers, et nous découvrîmes alors une pièce avec des montagnes de journaux jusqu'au plafond. Il ne restait plus au milieu qu'une petite clairière avec un hamac et un poêle. C'était leur chambre. J'ordonne de déménager tout cela quand, tout à coup, l'un de mes hommes crie : « Monsieur le commissaire, y a plein d'argent, y a des sous... Ça n'arrête pas. » Effectivement, intercalés entre les journaux, se trouvaient des billets roulés, entourés d'élastiques. On les a alors placés dans des lessiveuses pour les remettre au juge d'instruction : il y en avait pour je ne sais plus combien de millions, c'était considérable... Le lendemain, je vois apparaître une vieille femme de près de 80 ans, la « petite amie » du vieil homme. Elle me dit : « Monsieur le commissaire, c'est mon argent, c'est moi qui cachais cet argent-là pour que mon compagnon ne me le prenne pas. » « Mais, dis-je, ce n'était pas votre mari. » Elle me répond : « Non, c'était mon ami. Lui non plus ne le savait pas. Alors, quand j'allais le voir, en vérité, j'y allais aussi pour prendre un peu d'argent pour moi. » Je n'ai jamais pu lui rendre l'argent : il était saisi, et rien ne prouvait qu'il lui appartenait vraiment.

Fives-Lille a un cachet particulier ; c'est le vieux Nord, les vieilles maisons de brique construites autour d'une cour. Au centre, une pompe, autour de laquelle les femmes se retrouvent et parlent.

Voilà ce qu'était ma vie quotidienne, mon travail à Fives et, si le but de ce métier est aussi de connaître son milieu pour mieux l'aider, je peux dire que je suis vite devenu professionnel, tant il se passait de choses dans ce microcosme social. Commissaire de police, je devais sécuriser, réprimer, mais aussi prévenir. Cette notion de prévention me paraissait déjà très importante, et j'ai souvent pensé que l'intervention répressive de la police n'était que le constat d'un échec. Quand un trouble se produit, c'est que l'on n'a pas réussi à l'éviter. Au milieu de ces êtres humains, confrontés à la dureté du temps, avec leurs qualités et leurs défauts, il m'est arrivé de méditer et d'appeler de mes vœux une conception moins restrictive, plus généreuse de la vie en société, où seraient davantage respectés les droits et les devoirs de chacun. Je concevais alors mon métier de policier comme inséparable d'une certaine déontologie, et je n'ai pas hésité à m'engager dans la voie du syndicalisme pour mettre en pratique cette conception. J'ai été notamment secrétaire général adjoint d'une organisation internationale : la Fédération internationale des fonctionnaires supérieurs de police. C'est une organisation non gouvernementale, affiliée à l'Organisation des Nations unies. Nous avions réussi à obtenir que chaque pays d'Europe, d'Amérique ou d'Afrique soit représenté au sein de l'association. Nous nous sommes lancés dans l'élaboration et la rédaction d'un *Code international de déontologie policière*. Je me souviens être allé négocier à Genève pour que cette question soit inscrite à l'ordre du jour des travaux de l'Organisation des Nations unies. Ce qui fut fait. Aujourd'hui, ce *Code international de déontologie policière* a été accepté dans le cadre européen.

Pourquoi un code de déontologie ? Parce qu'un policier est au service de son pays, dans le cadre des lois, des règlements, des principes généraux du droit, en respectant les droits de l'homme. Sa mission essentielle est de veiller à ce que la paix règne, à ce que chacun puisse vivre tranquille. C'est dire combien le rôle du policier est important pour la sécurité des autres. Je crois effectivement qu'il n'y a rien de plus noble que cette tâche. On imagine le plus souvent le policier frappant avec sa matraque. Ce n'est pas son rôle. Sa mission est de se trouver sur le terrain, au contact le plus direct avec les gens, pour que le calme l'emporte sur le désordre. Dans nos démocraties, il faut donner la priorité à la formation dispensée dans les écoles de police, faire prévaloir l'action préventive et éducative sur l'aspect répressif de la fonction. Ce n'est rien d'autre que prendre en considération son rôle social. Nous sommes là pour secourir les personnes dans la misère, essayer de voir avec elles comment on peut les aider. Combien ai-je reçu de personnes venant me demander de les aider à trouver du travail ! La police est aussi vieille que le monde. Elle est née le jour où les hommes ont constaté que les collectivités humaines ne pouvaient vivre ensemble sans que des règles soient appliquées. Pour les faire respecter, il fallut créer des vigiles, des policiers.

Ce passage dans la police a été l'une des plus belles périodes de mon existence. J'ai rencontré des hommes de courage qui ne ménageaient pas leur peine. Une enquête, par exemple, peut durer trois jours et trois nuits consécutifs. C'est une vie faite de risques, intense, forte, dure. Il faut avoir une épouse qui puisse supporter ce genre de vie, et je rends hommage à ma femme qui n'a cessé de m'apporter son aide.

L'insécurité qui traumatise tant aujourd'hui, nous la vivions aussi, comme nos concitoyens.

Tel est le lot commun des pays urbanisés, et le phénomène qu'est la violence, ni les condamnations verbales ni l'affirmation de préjugés généreux ne peuvent le résoudre. Cette maladie, qui corrompt la relation de l'homme avec ses semblables, doit être combattue dans ses effets, mais aussi dans ses racines. Les autorités chargées de faire respecter les lois et les règlements qui assurent la stabilité de la société doivent bien sûr intervenir — et je le faisais, là où j'étais — par la prévention et la répression. Cela ne suffit pas. L'important, c'est que l'école, la famille, la société enseignent ce qu'est être citoyen à part entière, appartenir à une communauté, se sentir solidaire. Comprendre ce qui se passe, connaître le milieu dans lequel on vit, respecter les autres, voilà ce qui m'a guidé dans l'exercice de ce métier difficile où l'on découvre la réalité crue, sans fard, la mort, le vol, la violence, le drame, la misère, la haine, mais aussi l'amour, la tendresse, la générosité, le désintéressement, les richesses cachées dans tout individu, une humanité qui souffre mais espère et attend, y compris d'un policier, respect, considération, justice. L'on y perd certes beaucoup des illusions de sa jeunesse, mais on y acquiert la conviction que le dévouement n'est pas inutile, que la générosité n'est pas sans effet.

Le syndicalisme s'inspire de ces principes, même s'il ne les met pas toujours en pratique. Je l'ai toujours respecté, car il va dans le sens de l'union de la solidarité, et je m'y suis moi-même engagé, à Lille, en tant que délégué du Syndicat indépendant des commissaires de police. C'est un monde que je connais bien, avec lequel j'ai souvent été en contact dans l'exercice de mes fonctions, dans cet arrondissement ouvrier, à une époque — c'était en 1957 — où l'agitation sociale était importante.

J'étais en relation avec les responsables syndicaux. Ils nous avertissaient quand ils allaient faire grève ou organiser des marches dans la rue. Il existait un *modus vivendi* entre nous : ils ne devaient pas franchir le pont de Fives. Lille était séparée de Fives par un pont. Moyennant quoi, on ne voyait pas de CRS. Ils étaient là, certes, mais cachés dans les petites ruelles. Pas d'excitations possibles, dans ces conditions, puisque les manifestants ne pouvaient les voir.

Les accords avec le délégué syndical étaient ceux-ci : « On ne va pas passer le pont, ni aller à Lille, mais il faut que l'on fasse quelque chose de significatif; alors, on va s'arrêter devant le commissariat, vous allez descendre de voiture, vous allez rentrer, fermer les portes et puis, nous, on va hurler pendant un quart d'heure et après on s'en ira. » Ce qui fut fait.

J'ai retiré de tout cela une simple leçon : il faut parler avec les gens, essayer de les comprendre ; les solutions brutales ne sont pas toujours les meilleures. Cette expérience m'a facilité plus tard le commandement d'une entreprise. Le contact avec les syndicats, dans l'entreprise, s'apparente à un jeu. J'ai appris ce jeu, jeu humain dans lequel il faut être extrêmement loyal. Ne pas tromper, éviter toute duplicité : c'est une manière d'exercer un partenariat correct pour éviter la violence. Certes, cela n'est pas toujours possible. Il arrive que des éléments soient incontrôlables, surtout quand le mouvement est d'ampleur nationale, ou quand les circonstances sont très difficiles, en certaines périodes où le dialogue se résume en un échange de boulons et de coups de matraque... Aussi, vaut-il mieux avoir des contacts avant d'en arriver là, parce que, cela étant, on peut quand même arranger les choses : on connaît les gens, ni plus ni moins, mais c'est essentiel. Sens de l'autorité certes, mais volonté de garder toujours le contact, de connaître les problèmes et les interlocuteurs, de dialoguer jusqu'à l'extrême limite.

A l'époque, comme tant d'autres, je pensais que ce régime de la IVe République était pourri. Deux hommes cependant se distinguaient aux yeux de ma génération et de moi-même : Mendès France et de Gaulle. C'était le même style, le sens de l'État, le sens de la France, l'honneur. En 1958, l'arrivée aux affaires du général de Gaulle a été pour nous parfaitement bien perçue. De Gaulle, pour moi, c'était... le seul qui avait une conception globale de l'évolution du monde et à long terme, dont on aurait pu d'ailleurs largement s'inspirer.

Pour mon père, socialiste, très Résistant, de Gaulle symbolisait la Résistance. Il représentait aussi pour moi un symbole d'humanisme, l'amour que l'on peut avoir pour son pays : de Gaulle redonnait des valeurs à la France, aux Françaises et aux Français.

La IVe République s'est dégradée, en définitive, pour n'avoir pas su adapter les exigences de l'évolution du pouvoir exécutif à une situation. C'était un problème de pouvoir de décision. L'éternelle question : comment renforcer le pouvoir exécutif en respectant le fonctionnement de l'institution démocratique ? Ce système était incapable d'affronter les situations de crise, qui exigent un pouvoir de décision très fort.

Le rapport qualité-prix de l'action du pouvoir était mauvais par rapport aux exigences des temps ainsi qu'à la nécessité d'une intervention rapide au niveau de la décision : on s'est perdu dans les méandres d'une situation qui devenait peu à peu inextricable, jusqu'à l'ultime crise dont allait périr la IVe République. Un décalage s'était créé, un fossé s'était creusé, entre les aspirations de la société, les nécessités de l'heure et les comportements de la classe politique, les décisions des hommes au pouvoir. C'est toujours dans ces périodes-là que la démocratie est en péril. Le retour du général de Gaulle fut pour moi, pour beaucoup d'autres, le seul moyen de sortir de la spirale dangereuse dans laquelle était engagé le pays, d'échapper à une situation qui nous conduisait à la pire des choses, tant de fois vécue dans le passé, la guerre civile entre Français, avec son cortège de sang et de larmes, d'incompréhension, de haines, de combats inutiles, dont le pays ressort exsangue, comme hébété, sous l'œil narquois de nos voisins incapables de comprendre quoi que ce soit à ce déchaînement de luttes intestines mais toujours soucieux d'aller de l'avant, ravis de nos incessants retours en arrière et de l'érosion de notre puissance.

L'Algérie, j'y étais allé presque par hasard, comme on l'a vu, mais elle revint à nouveau dans ma vie, obsédante, pour moi comme pour tant d'autres Français. A la fin de l'année 1958, je fus en effet rappelé à Paris, pour entrer aux renseignements généraux, affecté à la surveillance des agissements du FLN en métropole. Rien de tout cela n'était simple bien sûr, et il m'est arrivé maintes fois de m'interroger sur cette tragédie, sur ces deux peuples entraînés dans l'engrenage d'un affrontement sans merci. Il est des moments dans la vie où l'on voudrait revenir en arrière, dérouler le film en sens inverse, repartir de zéro, saisir les occasions manquées, changer de voie. Mais les faits étaient plus forts que les rêves, les nostalgies n'étaient plus de mise et, à ma place, là où j'étais, j'ai fait mon devoir : servir l'État, faire appliquer la loi, protéger les personnes et les biens, déjouer les menaces pesant sur la vie de nos concitoyens en ayant toujours pleinement conscience que, le moment venu, il faudrait panser les plaies, renouer le dialogue, ouvrir les voies de la réconciliation.

La France est méditerranéenne. Le Maghreb et, plus généralement, le monde arabe sont pour nous des interlocuteurs naturels, et l'on n'efface pas, malgré le sang versé et les haines accumulées, les données de la géographie, les héritages de l'Histoire, les liens de la culture. Pour cela, il fallait attendre, sortir de la tourmente, chercher l'issue et ne pas oublier, dans ce chaos, nos compatriotes d'Algérie, qui s'égaraient, au fil du temps, dans l'abîme de la guerre civile et de l'extrémisme, mus par le désespoir. L'occasion m'en fut donnée dès juin 1962, après les accords d'Évian. J'entrai alors à la Direction centrale des renseignements généraux et je fus envoyé en Espagne, à Alicante, pour examiner la situation des membres de l'OAS qui se réfugiaient dans ce pays — beaucoup étaient d'anciens émigrés espagnols — pour y préparer la poursuite des opérations, en France, contre le chef de l'État, l'armée, voire les populations civiles. Ma mission était donc de les surveiller, de savoir qui ils étaient et ce qu'ils préparaient afin d'éviter les attentats, mais aussi de démanteler les réseaux et d'assurer le retour et la réinsertion en France de ceux qui acceptaient de déposer les armes, en attendant la loi d'amnistie. Je pris donc l'attache des autorités espagnoles pour qu'elles facilitent mon travail et me laissent entrer en contact avec eux, en faisant valoir l'argument selon lequel, faute de ressources, ils allaient très vite tomber dans le droit commun, la délinquance ordinaire et troubler l'ordre public. Au terme de quelques semaines, le contact était noué ; j'ai pu alors rencontrer dans un hôtel d'Alicante les responsables des groupes d'Alger et d'Oran. La discussion fut rude. Entre midi et cinq heures du matin, dans une salle enfumée — je grillais cigarette sur cigarette —, nous fûmes souvent au bord de la rupture. Pourtant, au bout du compte, ce fut l'accord. Il ne reposait sur rien d'autre que la confiance en la parole donnée ; je les avais convaincus de ma bonne foi, sans autre arme que ma persuasion, l'authenticité de mes propos. Jamais je ne leur avais dissimulé qu'ils auraient à répondre de leurs actes devant la justice et, pour chacun d'entre eux, civils ou militaires, ce qui leur en coûterait.

En échange de leur soumission à la justice et de l'abandon de leurs activités, il leur était assuré un retour en France et une réinsertion dans notre pays. Il restait encore à formaliser cet accord avec les autorités françaises, sur notre territoire. Comment convaincre ces hommes de prendre l'avion avec moi, de se jeter ainsi dans la gueule du loup, sans autre garantie de ne pas être immédiatement saisis et emprisonnés que ma parole ? J'y suis pourtant parvenu, et nous avons ainsi, un matin, pris ensemble l'avion pour Orly. Quand l'appareil entama sa descente vers l'aéroport, l'émotion des uns et des autres devenait insoutenable. Nous pensions à la même chose : eux, au piège qui pouvait leur être tendu, moi, à la tentation de mes supérieurs d'en finir avec eux en les arrêtant. Ce fut alors la menace : « Si piège il y a, c'est ta famille qui subira notre vengeance », me dit l'un des responsables OAS d'Alger, et j'avoue bien volontiers que la vue de policiers, d'hommes en armes sur les toits d'Orly et aux diverses portes donnant sur les pistes n'était pas pour me rassurer sur les intentions de notre « comité d'accueil ». Moi aussi, comme eux, j'ai redouté le piège, l'anéantissement de tous mes efforts, les risques que nous encourions, ma famille et moi-même, pour notre vie. Par bonheur, il n'en fut rien. A notre descente d'avion, nous avons gagné la zone internationale et, cette fois en présence de politiques, l'accord fut réalisé sur les bases de ce qui avait été convenu en Espagne. On ne vit pas impunément de tels épisodes, et certains de ceux avec lesquels j'avais négocié sont depuis lors devenus des amis sur la base d'une estime réciproque confirmée, au cœur d'une tragédie, par le respect sans failles de la parole donnée. Alors commencèrent des va-et-vient incessants entre l'Espagne et la France pour mettre en œuvre, sur le terrain, les décisions prises. Ainsi, entre 1962 et 1964, grâce à un contact direct avec le général de Gaulle, par l'entremise d'Yves Morandat, j'ai pu apporter ma pierre au retour dans le giron national de nos compatriotes égarés dans une vaine violence contre eux-mêmes et contre leur patrie, à la réconciliation, malgré l'épreuve. J'avais organisé tout un service social d'accueil pour la recherche d'un logement et d'un emploi pour chacun, et je puis dire que, les moyens aidant — la conjoncture était favorable —, les choses se sont, dans l'ensemble, bien passées. Une anecdote suffira pour montrer ce que voulait dire respect de la parole donnée et poids du serment dans cette négociation inhabituelle. Il était, en effet, entendu que nos compatriotes s'engageaient bien sûr à quitter l'OAS, mais aussi à ne pas s'engager politiquement sur le territoire national après leur retour. Mais tout cela ne fut possible que parce que j'avais avec moi une équipe d'hommes fidèles, compétents et ayant un sens élevé de l'honneur et de l'amour de leur pays. Ils étaient pour la plupart originaires d'Afrique du Nord, anciens résistants ou combattants des Forces françaises libres, quelques-uns francs-maçons. Or, en 1984, alors que je tenais une réunion en province, j'ai vu s'avancer vers moi, une fois la rencontre terminée, un capitaine de pompiers en uniforme. Un étrange dialogue s'engagea alors : « Vous ne me reconnaissez sans doute pas, mais j'étais de ceux avec qui vous avez traité, en Espagne, en 1962. Je me suis réinséré en France, j'ai réussi ma nouvelle vie et tout va très bien ; mais j'ai un problème. Le maire de ma commune veut que je figure sur sa liste aux prochaines municipales. Or, je vous ai juré alors de ne pas faire de politique, et je voudrais savoir s'il vous est possible de me délier de mon serment ? » J'ai mesuré alors, vingt et un ans après, la valeur, plus forte encore que je ne l'avais imaginé, des mots échangés dans un hôtel d'Alicante. Ma réponse fut brève et simple : « Bien sûr, je vous délie de votre serment et vous souhaite bonne chance devant le suffrage universel. » La boucle était bouclée pour lui, comme pour beaucoup d'autres, et je me trouvais conforté dans mes idées : il ne faut jamais désespérer des hommes, ne jamais renoncer à comprendre et à convaincre, ne jamais préférer la force au dialogue, tant que l'échec de celui-ci n'est pas prouvé, toujours donner sa confiance si l'on veut espérer gagner celle des autres et rechercher l'union plus que la division.

En 1964, ma mission touchait à son terme. C'est à ce moment-là que furent modifiés les statuts du corps préfectoral. Docteur en droit, diplômé de Sciences-Po, âgé de plus de 30 ans, avec dix ans d'ancienneté dans la fonction publique, je remplissais toutes les conditions requises pour être intégré dans le corps des sous-préfets. J'ai été le premier, grâce à Roger Frey qui me le proposa, à bénéficier de cette nouvelle réglementation, et c'est à Nogent-sur-Seine que je fis mes premières armes dans ce nouveau métier. Là, j'ai appris à connaître l'ensemble des rouages de la vie publique, à observer « comment ça marche », la France. A cette époque, le sous-préfet disposait de pouvoirs assez étendus ; pendant cinq ans, j'ai ainsi guidé et conseillé les maires de l'arrondissement dans leurs réalisations, en essayant de conserver une indépendance absolue à l'égard de ce que l'on appelle le « pouvoir politique ». Je continue à penser que cela n'est pas irréalisable et que tout fonctionnaire devrait être en mesure de s'y conformer. Le respect des lois et règlements prime avant toute chose, sinon il n'est plus de société organisée. Il ne faut jamais oublier qu'en démocratie, ce sont les élus qui font les lois, par délégation du peuple *via* le suffrage universel et qu'il revient aux fonctionnaires de les appliquer et de les faire appliquer. Ma conviction est que, hors de cette ligne de conduite, la voie est ouverte à tous les dérapages, au déferlement des intérêts particuliers, au détriment de l'intérêt général.

Ainsi, un député vint un jour me voir pour solliciter le reclassement en « appellation champagne » d'un certain nombre d'hectares qui étaient en friche et qu'il voulait planter de vignes. La délimitation datait de 1926 et, malgré des pressions considérables, depuis lors elle n'avait jamais été modifiée. Des fortunes étaient en jeu dans de telles opérations. Comme je connaissais bien les textes, j'ai émis une fin de non-recevoir à mon solliciteur : « Monsieur le député, voici le texte de loi. Il ne me permet pas de vous donner satisfaction. Votre travail, si vous le jugez nécessaire, c'est de faire changer la loi. Si tel est le cas, demain, alors, je l'appliquerai, mais en l'état actuel des choses, je ne peux rien faire pour vous. » Chacun son métier et, pour le fonctionnaire, il faut savoir dire non ou oui à bon escient, en s'appuyant sur le respect des règles du droit dont il est le garant. Contrairement à ce que l'on croit, ce langage se comprend bien, mais il faut y ajouter une forte présence sur le terrain, auprès des gens, aller dans les mairies, voir et revoir les élus, établir les relations de confiance sans lesquelles on ne peut agir efficacement.

En matière d'aménagement, je concevais les lois et règlements dans une optique positive : comment les utiliser au mieux pour réaliser et pousser les 89 communes de mon arrondissement à s'entendre pour entreprendre ensemble, faire prévaloir l'union sur la dispersion, la solidarité sur l'égoïsme, l'ouverture sur le repli. Tâche particulièrement ardue lorsque l'on connaît la farouche volonté d'indépendance des maires de nos 36 000 communes ! Mais être soi-même, et vouloir le rester, n'interdit pas de se grouper avec d'autres pour avancer. C'est cette logique que j'ai cherché à faire prévaloir dans ce rôle d'animation et de conseil qui m'était dévolu. Là encore, il faut payer de sa personne pour acquérir la confiance nécessaire. J'ai parcouru inlassablement tout cet arrondissement. J'ai fait des foires où l'on vendait les chevaux. A 10 heures, on mangeait l'omelette avec les tripes. La première fois, je m'en suis souvenu pendant au moins quatre ou cinq jours. En plus, on buvait le vin blanc : sacrée vie que la vie de sous-préfet ! Visiter les communes est un sport éprouvant : on commence au vin blanc, on poursuit par du Saint-Raphaël, après du Byrrh, ensuite du champagne : j'ai failli trépasser bien souvent. C'était abominable. Il faut avoir un estomac à toute épreuve. Mais rien ne m'était plus agréable que de me retrouver dans une salle de mairie, marquée par les années, sous le regard de « Marianne ». Je retrouvais là le bon sens, la sagesse, la tranquillité, et j'en ai tiré la conviction que, s'il faut aller de l'avant, il est inutile de précipiter le cours des événements, de vouloir le changement pour le changement.

Après cinq ans passés à Nogent-sur-Seine, le moment était venu pour moi de poursuivre ailleurs ma carrière dans le corps préfectoral. Je fus donc nommé, en 1969, secrétaire général de l'Aube. Mais, avant de quitter la ville, j'ai pu assister à une cérémonie à laquelle je tenais : l'inauguration du port de Nogent. Un jour, en fouillant les archives départementales, j'avais trouvé que Napoléon, pendant la campagne de France, avait résidé dans une maison de Nogent, aujourd'hui occupée par l'ancien maire. (Il y a d'ailleurs une plaque sur cette maison.) Il s'était promené sur les bords de la Seine et avait jeté des idées sur le papier, pour construire un port. Un archiviste départemental (à l'époque, je faisais des recherches pour faire une thèse sur « les Aubois et la politique »), napoléonien très convaincu, m'avait sorti tous les documents sur ce projet de port industriel. Alors, avec le maire, on s'est attelé à la tâche. On a mobilisé les sucriers, la Chambre de commerce et d'industrie, tous les céréaliers du coin et on a fait le port de Nogent.

Le président de la Chambre de commerce s'était arrangé avec le préfet pour que je ne parte pas avant que l'inauguration de ce port ait lieu. C'était en décembre 1969. Je ne savais pas alors que, quittant cette ville pour prendre mon poste à Troyes, j'y reviendrais un jour comme élu, appelé par les Nogentais afin de poursuivre, comme maire et conseiller général, ce que j'avais ainsi entrepris comme sous-préfet.

Secrétaire général est une fonction importante et passionnante et, avant la décentralisation, elle s'apparentait d'assez près à ce qu'est, peut-être, le métier de chef d'entreprise. Tout simplement parce que le secrétaire général faisait le travail pour le compte du préfet. A cette époque-là, le préfet préparait effectivement les décisions du conseil général ; celui qui préparait tous les rapports, c'était le secrétaire général. J'avais un merveilleux préfet qui n'aimait pas sortir ; j'étais donc toujours de cérémonie. Allant voir les maires, je me suis promené dans tout ce département (que je connais de fond en comble). C'est ainsi que j'ai pu acquérir une profonde connaissance des mentalités de ses habitants.

L'Aube est un département intéressant. Il est à la mesure de la France. Toutes les études de sociologie électorale que j'ai faites montrent le peu de variation du comportement aubois par rapport au reste de la France. Au vu des résultats de l'Aube, il suffit d'ajouter ou de retrancher 0,5 % pour obtenir la moyenne nationale. C'est là que j'ai appris à mieux connaître les grands propriétaires de la Champagne pouilleuse, possesseurs de milliers d'hectares ; ceux de la Brie — alors que j'étais sous-préfet à Nogent-sur-Seine — à la tête d'exploitations importantes, un peu plus riches ; et puis ceux de la Champagne humide, pays d'élevage. Sans parler des gens du pays d'Othe, assez semblables à ceux du Morvan. C'était donc une participation de tous les instants à la vie locale, une présence constante sur le terrain, au contact des hommes et des problèmes. Pour remplir correctement cette fonction, il me fallait aborder toutes les questions, devenir un « spécialiste de la généralité », capable de prendre en compte tous les éléments d'un problème pour aider le préfet, le conseil général, tel ou tel élu à le résoudre. Dans la même matinée, défilaient dans mon bureau : le directeur départemental de l'Équipement avec des dossiers d'aménagement de voirie, de programmes de lotissements ; le directeur de l'Action sanitaire et sociale, avec des problèmes d'hôpitaux, des prix de journée, et les difficultés des bureaux d'aide sociale ; le directeur de l'Agriculture avec les assainissements, les adductions d'eau, etc. Va-et-vient incessant, entrecoupé de coups de téléphone, bric-à-brac de questions hétéroclites, ancillaires ou primordiales, qu'il fallait aussi traiter dans un souci d'équité, de cohérence, afin de ne pas engendrer de crises et d'aménager le territoire départemental avec le maximum de rationalité possible, compte tenu de la divergence des intérêts et de la multiplicité des groupes de pression.

J'ai voulu ainsi créer un état d'esprit de solidarité entre les élus, les corps constitués et l'administration du département, éviter les déperditions d'énergie et d'argent, faire des économies d'échelle, exactement comme dans une entreprise. J'ai travaillé pour cela comme un forcené, mais le jeu en valait la chandelle. Il fallait mener à bien de grands projets (aménagement des lacs, aménagement de la vallée de la Seine, encore en cours), et tout cela sur le terrain, au contact des gens. On regarde les textes, on compte les sous, puis on essaie de faire les choses qui soient conformes à l'intérêt général. Mais il ne faut pas avoir de tout cela une conception trop réglementaire ou monarchique. Il est préférable de déléguer et de faire confiance, de donner à chacun la possibilité d'assumer ses responsabilités.

C'était une époque où tout évoluait ; le progrès bousculait déjà bien des traditions. Ainsi, le Syndicat des bouchers de l'Aube était venu me trouver pour que j'autorise, par arrêté préfectoral, l'utilisation de l'« attendrisseur de viande » que leurs confrères de la région parisienne avaient le droit d'employer. J'accordai audience à ces responsables, et l'on tomba d'accord sur une utilisation provisoire de six mois, sous réserve de contrôles fréquents du Service de répression des fraudes. Mais, au lieu de poursuivre le contrevenant en cas d'infraction, comme il est de règle dans l'administration, nous étions convenus avec les dirigeants du syndicat de les prévenir, charge à eux de prendre à leur niveau les dispositions adéquates. Trois mois après, une infraction fut constatée, et le contrevenant renvoyé de sa chambre syndicale. Par la suite, tout se déroula convenablement et l'« attendrisseur de viande » s'installa définitivement sur les comptoirs en Formica blanc cassé des boucheries de l'Aube, sans que nous ayons fabriqué des martyrs de l'administration et avec toutes les garanties d'utilisation nécessaires au consommateur.

Arrivé dans l'Aube en 1964, j'en suis parti en 1971. C'est sans doute l'endroit de France que je connais le mieux. Ce que j'y ai appris ne se mesure pas, tant cette expérience fut riche sur les plans humain et professionnel. Je ne pouvais quitter ce département sans esprit de retour, j'y avais tant d'attaches, tant d'amis, de souvenirs ! L'idée nous est vite venue, à ma femme et à moi, d'y acheter une maison pour retrouver, en fin de semaine, ces paysages qui nous étaient devenus familiers, ces horizons qui avaient été si longtemps les nôtres. C'est le maire d'Aix-en-Othe, socialiste, qui fut le plus prompt dans cette recherche pour laquelle j'avais sollicité bien des élus. Nous avons donc acquis cette maison. Je partageais alors mon temps entre la Creuse, où étaient mes beaux-parents, et l'Aube. Un 18 août, alors que je rentrais de vacances, je trouvai une lettre des maires du canton d'Estissac m'invitant à une réunion à Bercenay en-Othe. C'est là qu'Attila fut battu, par Aetius... aux champs Catalauniques. Saint Lye, l'évêque de Troyes, était allé au-devant d'Attila : lorsque celui-ci l'avait vu, il était reparti. On a retrouvé des traces de fortins, des chariots enfouis dans la terre, une terre de liberté ; l'appel des maires m'intéressait aussi pour cette raison. Et c'est ainsi que je me suis retrouvé dans une réunion à laquelle tous les maires — parfait exemple d'œcuménisme — participaient. La plupart, il est vrai, étaient socialistes : dans ces pays-là, c'est la petite propriété en effet qui prédomine, comme dans le Morvan. La vie y est très dure, le pays assez pauvre, les maisons pas très belles, on gagne peu d'argent. Il faut beaucoup de travail pour des résultats précaires. Tous étaient des amis. Je les avais bien connus quand j'étais secrétaire général.

L'un d'entre eux prit la parole : « On voudrait que vous veniez comme conseiller général parce que le maire d'Estissac (qui était socialiste), on n'en veut plus, il ne fait rien. Venez, on a besoin de vous. » Effectivement, il y avait beaucoup à faire dans ce canton, déjà équipé entièrement d'installations de télécommunications, le centre d'Estissac, important pour la réception et le contrôle des satellites. L'aventure me tentait. J'avais la nostalgie de ces salles de mairie avec la statue de la République, ces odeurs de poussière et de renfermé, ces tables de bois vieillottes, aux coins usés par le temps, et même quelquefois garnies de graffitis abandonnés là par quelque élu retrouvant soudain les habitudes de son enfance. En moi-même, je pensais : « Cela va te changer un peu les idées, mon vieux. Il faut y aller. » Mais ma prudence de Morvandiau reprenait le dessus et je demandai à chacun des maires présents de s'engager publiquement à me soutenir si je faisais acte de candidature. L'épreuve de vérité fut concluante : les neuf présents, sur les onze communes du canton, s'engageaient, jusqu'à publier une déclaration dans l'*Est Éclair,* le journal régional ; ce qu'ils firent. Voilà comment je suis devenu, en 1973, conseiller général d'Estissac. Ce fut ma première histoire d'amour avec l'Aube, sur laquelle j'aurai l'occasion de revenir.

Entre-temps, en effet, j'avais été appelé à d'autres fonctions par l'entremise d'Yves Morandat qui me proposa en 1971 de rencontrer Achille Péretti, alors président de l'Assemblée nationale — que je ne connaissais pas personnellement. Il était à la recherche d'un chef de cabinet. Nous étions si bien dans l'Aube ; mon métier me passionnait, j'étais très attaché à ce département ; nous étions très bien logés, une grande maison, un parc ; Véronique et François étaient encore des gosses. Que faire ?

Un retour sur Paris posait en outre quelques problèmes, de logement surtout, car je n'avais aucun pied-à-terre dans la capitale. Je suis allé trouver le président Péretti et on a accroché tout de suite, tous les deux. La façon dont il m'a présenté les choses n'y a pas été pour rien. Finalement, je me suis dit qu'il serait passionnant de faire une mobilité dans un cabinet, celui du président de l'Assemblée nationale, de faire l'apprentissage du fonctionnement des institutions, de la vie politique, de la façon dont les lois s'élaborent, d'assurer la liaison avec tous les groupes parlementaires. J'étais donc en présence d'un monde nouveau pour moi. Bien sûr, les conditions matérielles n'étaient pas excellentes. Nous avons logé un certain temps chez mes beaux-parents, à Clamart, avant de trouver un logement dans le XVe arrondissement. J'avais un petit bureau dans l'Hôtel de Lassay. Moi qui avais un magnifique bureau bien ouvert à la préfecture, j'étais désormais dans une soupente ; mais je dois reconnaître qu'il n'était pas désagréable du tout, ce petit bureau tranquille, en haut, très haut, très chaud, très intime. Je me suis très vite lié d'affection et d'amitié avec le président Péretti. C'est dire combien j'ai regretté son départ en fin de mandat. J'ai alors vécu la non-arrivée de Chaban-Delmas et l'arrivée d'Edgar Faure. Il me demanda d'aller le voir : « Mon cher Baroin, j'ai besoin d'un sous-préfet pour assurer la continuité des cabinets. » Je suis allé voir alors le président Péretti à qui j'ai dit ce qui se passait. Il m'encouragea à rester pour assurer la liaison entre lui-même et le président Edgar Faure, qui a d'ailleurs été d'une correction parfaite à l'égard de son prédécesseur, qu'il a ensuite nommé au Conseil constitutionnel. Et je suis donc allé à cette autre école politique, merveilleuse de finesse, de souplesse et d'intelligence, qui est celle d'Edgar Faure, et où j'ai appris bien des recettes intéressantes. Il disait : « En politique, mon cher Baroin, pour atteindre l'objectif, ce n'est jamais la ligne droite, c'est toujours la ligne brisée. » J'ai pu souvent vérifier qu'il usait de cette maxime avec beaucoup de talent sur le terrain ! Ainsi, nous sommes allés un jour à l'assemblée générale des maires de France, où un problème se posait : celui de la démission de Tanguy-Dupouet... qui en était président. Il n'y avait qu'un candidat dont certains ne voulaient pas, préférant que l'autre restât. Nous arrivons dans le cabinet du président, on voit des mines atterrées, on nous raconte tout ça. Edgar Faure me prend à part et me glisse dans l'oreille : « Ne vous faites pas de souci, je vais arranger tout ça. » Il m'avait dit en route : « Vous savez, mon cher Baroin, je vais vous dire quelque chose. Quand vous allez dans une assemblée, que les gens se sont exprimés sur un sujet à l'ordre du jour pendant 48 heures (ce qui avait été le cas, à propos de la responsabilité des maires, les élus municipaux ayant été mis en cause au sujet de la construction d'un dancing, le 5/7, près de Grenoble, qui avait pris feu dans des conditions dramatiques), vous parlez d'autre chose... je vous garantis le succès. » Edgar Faure arrive, monte à la tribune et discourt sur « l'espace vécu », avec un brio étonnant et, à la fin, il conclut : « Et puis, mes chers amis, il faut que je vous fasse une confidence, quand on a un président comme celui que vous avez, qui a tout son temps à vous consacrer pour s'occuper de vos affaires, eh bien, quand on a un président comme celui-ci, on le garde », et Tanguy-Dupouet, qui avait démissionné, a été réélu sans même se représenter, dans l'enthousiasme général.

A l'Assemblée, j'ai connu toute la classe politique. Certains déjà n'étaient pas des inconnus pour moi. Lorsque j'étais en Espagne, j'avais eu l'occasion d'approcher maints responsables gouvernementaux et politiques du temps du général de Gaulle. Mais mon rôle ici était d'essayer d'arranger les affaires. Je faisais les couloirs, je serrais les mains, je discutais avec tout le monde, on me racontait des petites histoires : j'étais en relation avec les sénateurs — puisque j'assurais la liaison avec le Sénat —, le président Poher, bien sûr, avec qui je me suis lié d'amitié, et mes anciens collègues de Sciences-Po, Jacques Chirac, Michel Rocard qui est de ma promotion. Quant à François Mitterrand, il était conseiller général du canton de Montsauche, dans le Morvan, et j'y avais moi-même un oncle. Pendant les campagnes électorales, ses partisans distribuaient des photos en couleurs que mon oncle mettait dans des enveloppes pour les élections. Mitterrand allait à Ouroux-en-Morvan, dans mon pays, et il se rendait au bistrot. Cet établissement était tenu par l'Octave, un homme fabuleux, avec un accent formidable, une bonhomie étonnante. Bref, à divers titres et pour diverses raisons, je me suis trouvé en contact direct avec le monde politique, et je le connais bien.

Une infidélité créatrice :
les charmes de l'économie sociale.

Je me suis toujours intéressé à la mutualité. J'étais assez actif comme syndicaliste, au syndicat des commissaires de police. Fonctionnaire, je me suis assuré à la GMF (Garantie mutuelle des fonctionnaires). Il me paraissait indispensable de participer aux assemblées générales. A plusieurs reprises, je suis intervenu. En 1970, un administrateur est mort. Le conseil d'administration était diversifié : un administrateur militaire, un de la SNCF, un d'EDF, un des PTT, un de la police, etc., mais il n'avait jamais compté jusqu'alors un représentant du corps préfectoral. Ce conseil pensa qu'il serait utile de modifier cette habitude. Je fus sollicité. Ma curiosité naturelle et mon habitude de l'engagement syndical me poussaient à accepter. Il m'est apparu passionnant de voir comment fonctionnait de l'intérieur une mutuelle au plan de sa gestion. Je me suis donc présenté, et j'ai été élu. En 1974, un décret a fixé à 65 ans la limite d'âge des présidents des compagnies d'assurance. Celui de la GMF avait 67 ans. Le conseil m'a exposé le problème : « On a regardé, on a discuté, il n'y a que toi pour prendre la présidence de la société, puisque notre président est obligé d'abandonner sa fonction. » J'ai beaucoup réfléchi. Pour moi, c'était un choix difficile : je devais en effet être nommé préfet au mois de mars, préfet de la Corrèze. Jacques Chirac était ministre de l'Intérieur à cette époque ; il m'avait proposé ce poste. Quand je l'ai prévenu : « Je ne pars plus, je vais quitter le corps préfectoral », il me traita de fou. « Tu ne te rends pas compte, tu vas faire une carrière formidable. » « Mais, lui ai-je rétorqué, je connais la carrière préfectorale, la plupart de mes collègues ont souvent des problèmes avec leurs gosses. Moi, j'ai deux enfants, ma fille a l'âge d'entrer au lycée. Je préfère me fixer, éviter tous ces mouvements, pour qu'ils aient une vie tranquille, qui leur permette d'évoluer dans les meilleures conditions possibles, plutôt que d'être déplacés, changés tous les deux ou trois ans. » Ma décision était prise : je me suis fait mettre en disponibilité du corps préfectoral, puisque, contrairement à d'autres administrations, le corps préfectoral ne permettait de détachement que nommé par le gouvernement ou par des établissements publics.

Je me suis donc fait mettre en disponibilité pendant cinq années. J'ai à présent perdu toute attache avec ce corps que j'ai quitté au bout de vingt-cinq ans.

Je me suis souvent demandé pourquoi j'avais été ainsi choisi par mes pairs et je n'ai trouvé d'autre explication que celle-ci : la plupart des administrateurs étaient retraités ; ils ne se sentaient sans doute pas la vocation ou la volonté de reprendre une entreprise de cette taille. Il est vrai que nous vivions des moments particulièrement importants. Si la mutualité, pendant un certain temps, avait bénéficié d'un régime fiscal plus favorable, la soumission de l'impôt sur les sociétés au taux de droit commun, décidée en 1975, se préparait déjà en 1974, réforme qui allait entraîner des discussions importantes et fortes. Il fallait faire la transition, car la politique de gestion s'en trouvait modifiée. Tout cela a joué, me semble-t-il.

En outre, nous étions des amis, on se connaissait bien les uns et les autres et ils préféraient quelqu'un de plus jeune. J'étais le plus jeune des administrateurs et, pendant longtemps, je fus le plus jeune président de société d'assurance.

La GMF s'est créée en 1933, à une époque où la situation

sociale n'était guère reluisante. L'idée de solidarité est alors venue naturellement à l'esprit des fonctionnaires : créer un outil qui leur soit commun, à la gestion duquel ils participent directement, donc une mutuelle d'assurance. Ce groupe de fonctionnaires comportait des instituteurs, des huissiers de justice, des policiers, des gens des PTT. Ils se sont séparés sur un problème de doctrine, le principe de la cotisation. Les uns étaient pour la cotisation variable (en cas d'exercice déficitaire, on fait un appel de cotisation sur l'exercice et on augmente pour l'exercice suivant, c'est-à-dire qu'on se récupère sur le même exercice ; si on a un bénéfice, on le ristourne sur l'exercice) ; les autres voulaient être plus rigoureux, intransigeants et préféraient la cotisation fixe (s'il y a un déficit pendant l'exercice, on le fait apparaître au niveau des résultats, il est réel et, s'il y a un excédent d'exercice, on peut le ristourner, mais aussi le provisionner). Si le lecteur a suivi ligne à ligne mon cheminement personnel — ce que j'espère ! —, il ne s'étonnera pas de mon choix, le second, celui de la rigueur dans la gestion, fait en son temps par la GMF. J'ai donc suivi cette ligne historique..., qui est une ligne de sécurité : il faut toujours provisionner suffisamment, faire payer le prix que coûtent les choses, et peut-être un peu plus, pour prévoir... Et le résultat, l'excédent, on le met de côté, pour renforcer la marge de solvabilité.

Dès le début de ma présidence, j'y ai ajouté autre chose, la prise en considération de l'évolution de la société. En 1974, la GMF était une société d'assurance automobiles. 95 % des primes venaient de là. Le jour où il y aurait une crise économique, une crise de l'automobile — et elle était déjà perceptible —, la mutuelle serait menacée. Il fallait donc diversifier. Mais comment ? J'ai mis en place, à ce moment-là, un service, le Groupe d'études stratégiques et de diversification, chargé d'analyser le comportement des sociétaires. Il révéla une image nouvelle : le « mutualiste de papa » était mort. Les mutualistes avaient 41 ans de moyenne d'âge, il y en avait donc de très anciens et beaucoup de jeunes. Traduction concrète : l'intérêt porté aux assemblées générales, le désir d'être informé des thèmes, des jours, des heures, et d'avoir la certitude d'intervenir, de pouvoir prendre la parole. « Un homme, une voix », c'est exactement le principe de la mutualité. La crise existant, ils exprimaient le choix de plus de sécurité. C'est à partir de ce constat que fut inaugurée une voie parallèle à celle du renforcement de la marge de solvabilité, donc de la sécurité de l'entreprise, celle de la diversification des produits. Aujourd'hui, l'automobile représente 10 % de moins sur les cotisations, par rapport aux contrats d'assurance. La diversification a porté sur d'autres activités, correspondant à la production de biens et de services dont les sociétaires avaient exprimé le besoin. C'est à ce moment-là qu'on a orienté différemment la politique de placements de l'entreprise. Au lieu d'acheter toujours des actions, des obligations, d'investir dans les immeubles ou de faire des prêts à des collectivités locales, on a décidé de créer des outils, des entreprises, générant des services correspondant aux souhaits exprimés par les sociétaires.

Dans l'assurance automobile aussi, nous avons innové : c'est à la GMF, en effet, qu'on doit l'invention du bonus-malus : notre système était meilleur que celui qui existe depuis que la Direction des assurances a généralisé ce principe. Très incitatif en effet, on l'avait baptisé « réduction-majoration pour sinistres ». Quand il y avait sinistre *sans* responsabilité, on ne le prenait pas en compte pour le calcul de la réduction de cotisation ; en revanche, dans le cas d'un sinistre *avec* responsabilité du sociétaire, la cotisation était immédiatement majorée. L'administration, quant à elle, a adopté à son tour ce système (devenu le bonus-malus) mais n'en a pas retenu la philosophie. Il est trop déséquilibré, l'écart n'étant pas assez grand, et par conséquent guère incitatif.

Quand un sociétaire a un accident dans lequel il est responsable, une majoration de cotisation intervient. En outre, une partie du coût du sinistre est à sa charge (c'est la notion de *franchise*, inventée aussi par les mutualistes). Ce dispositif incite à faire attention, donc à bien conduire sur la route. Aussi avons-nous les fréquences de sinistres les plus basses du marché ; dans le même temps, en effet, nous pratiquons une politique de prévention. La prévention, cela coûte de l'argent et on n'aime pas dépenser des sommes dont on ne peut pas mesurer l'impact. Mais il faut le faire quand même, cela responsabilise les gens, avec l'objectif de concilier cette notion de sécurité avec la liberté. C'est le souci de cette éthique-là qui nous a fait déboucher progressivement sur une conception d' « utilité sociale », et nous a permis de passer de 2 entreprises à plus de 60 aujourd'hui.

La GMF, aujourd'hui, ne ressemble plus à ce qu'elle était en 1974 : 3 sociétés, 2,5 milliards d'actifs nets hier et désormais 27 sociétés avec 25 milliards d'actifs nets ; 1 500 personnes hier, 4 400 à la GMF même et 12 500 pour l'ensemble du groupe maintenant. J'ai donc fait tout ce qui me semblait nécessaire pour moderniser, ouvrir, diversifier ce mastodonte un peu vieillot, qui n'a cessé de croître, tout en rajeunissant les méthodes de gestion, l'organisation du travail, les relations avec les mutualistes et la gamme de produits proposés.

Cette réussite, car j'ai l'immodestie de penser que c'en est une, je la dois sans doute aux diverses professions que j'avais exercées avant de prendre la direction de la GMF et, notamment, à mes fonctions de secrétaire général de l'Aube. Elle tient aussi, j'en suis persuadé, à mes convictions personnelles et, particulièrement, à mon engagement dans la franc-maçonnerie, car il y a un lien entre celle-ci et l'économie sociale. Bien sûr, tous les gens de l'économie sociale ne sont pas des francs-maçons, et l'on peut réussir dans ce domaine sans être franc-maçon.

La franc-maçonnerie, c'est avant tout une manière de penser, de sentir, de vivre et d'agir. Elle conçoit de manière originale la place de l'homme dans l'univers et son devenir. Pour nous, le progrès matériel et social de l'humanité passe par le perfectionnement intellectuel et moral de l'homme. L'idéal serait que la société soit composée d'êtres responsables, ayant un devoir de solidarité à l'égard de la société.

En cela, notre idéal se rapproche des buts de l'économie sociale car elle s'efforce de concilier deux termes, l'*économie* et le *social*. L'économie touche au flux d'échanges, de biens et de services entre les êtres et les groupes, afin qu'ils aient plus. La notion de social, en revanche, induit qu'ils soient plus. Ainsi, l'économie sociale, c'est « avoir plus pour être plus ». C'est une morale. Elle s'est exprimée à travers de vieux mouvements qui ont un passé, des traditions.

Souvent, l'on m'interroge sur ce que la franc-maçonnerie m'a apporté, si mes comportements dans la vie ont un lien avec elle.

En fait, on est franc-maçon, un point c'est tout ; mais il est vrai que l'attitude que l'on peut avoir au regard de la place, du rôle, du devenir, de la vie de l'homme, de ses droits et de ses devoirs dans la société se forge au fil des expériences.

Je crois ainsi que mon professeur de français-latin au lycée Voltaire n'est pas étranger à mon engagement ultérieur. Durant l'Occupation, il nous faisait apprendre la *Déclaration des droits de l'homme*; il nous en commentait chacun des articles...

J'avoue que ce souvenir m'émeut encore. Étudier un tel texte dans de telles circonstances !

Certaines maximes vous aident à mieux comprendre. Chamfort écrit par exemple : « Chacun pris en son âme est agréable en soi. » Cela signifie que chacun n'est point mauvais en soi ; que le comportement d'un honnête homme tend à discerner les qualités d'autrui, avant d'en dénoncer les défauts. Peut-être est-ce risqué, mais notre conscience en est éclairée.

Un seul mot dénoue cet écheveau : le respect. Le respect des autres et de soi-même, le respect de la liberté de conscience. Chacun est libre de croire ou ne pas croire. La « vérité » absolue n'existe pas. La recherche de la vérité est avant toute chose la recherche de plus de connaissance pour que l'individu s'enrichisse et devienne un membre plus actif de la société, un citoyen à part entière.

Je crois d'ailleurs que le perfectionnement de la société passe par celui de ses composantes, par celui des personnes. Tout cela s'apprend.

Parfois, sur le chemin de l'existence, vous rencontrez un homme qui vous dit : « Ce que vous dites-là est intéressant ; vous devriez venir poursuivre votre recherche dans la franc-maçonnerie... »

Cela s'est passé ainsi pour moi. Je suis devenu franc-maçon il y a de cela longtemps. Tel a été mon chemin jusqu'à devenir grand maître du Grand Orient de France. Ce fut une période d'enrichissement extraordinaire.

Nous avions décidé d'aborder les problèmes de fond. Nous constations, avec lucidité, que le forum n'est pas à l'image du temple, que les grands principes proclamés ne sont pas toujours appliqués. Des gens meurent de faim, la guerre et la violence se perpétuent, le racisme se développe.

Quel constat douloureux pour un franc-maçon ! Il ne peut concevoir avoir réussi sa mission au service du progrès du genre humain !

Dans les loges maçonniques, nous nous respectons les uns les autres, nous entretenons une certaine solidarité. Nous essayons de progresser par l'échange de nos idées afin de nous sentir plus responsables. Cependant, dès que nos yeux se tournent vers le monde extérieur, quel travail reste à faire !

Il faut sans cesse remettre l'ouvrage sur le métier. C'est le rôle des maçons.

Au vu de l'état du monde, des problèmes économiques, sociaux et politiques, nous avons voulu nous arrêter un peu afin de réfléchir sur l'évolution de la société, sur ce que peut être l'éthique de cette fin du XXe siècle, sur ce que peut être l'espérance pour l'homme d'aujourd'hui.

Nous avons regardé le monde tel qu'il est. Nous avons pris conscience que les grands courants de pensée qui le traversent ne sont pas nécessairement généreux, mais souvent dogmatiques, voire sectaires.

Francs-maçons, nous avons rassemblé tous nos savoirs dans nos loges, toutes nos connaissances acquises depuis les trente ou quarante dernières années sur l'homme, sur son devenir. Nos connaissances en sociologie, en psychologie, en biologie encore. N'est-il pas important, voire capital, de connaître le fonctionnement du cerveau de l'être humain ? Quels sont les mécanismes qui conduisent l'individu à capituler, à renoncer, à se désengager vis-à-vis de la société ou, au contraire, à faire acte de violence ?

L'enjeu de ce travail ? La paix. Il n'y a pas de paix possible sans générosité, sans solidarité entre les êtres. Reste à savoir si l'homme biologique peut vivre cette harmonie souhaitée, ou rester la victime de ses pulsions. Ange ou bête ?...

Nous avons organisé un convent extraordinaire qui s'est tenu à la fin du mois de janvier 1979. Ce fut un succès considérable. Les interventions étaient toutes plus riches, plus intéressantes. Ce convent nous a permis de constater la grande union des francs-maçons entre eux, malgré leurs différences ; en raison du respect de ces mêmes différences.

En ce qui me concerne, cette expérience m'a permis de bien connaître la France. Je pense avoir tenu près de 398 réunions collectives en deux ans !

J'ai parcouru toutes les régions. J'ai constaté qu'il y avait une puissante volonté d'union partout.

Dans ce contexte, la franc-maçonnerie a pour moi un rôle essentiel à jouer. Les francs-maçons doivent l'assumer dans la cité.

Ils doivent être présents partout afin de répandre leur idéal d'humanisme. La maçonnerie n'est rien d'autre qu'un humanisme. Nous sommes des gens de paix, des pèlerins des droits de l'homme.

Je me souviens d'une anecdote lors de ma rencontre avec le président Houphouët-Boigny. Il me dit : « Monsieur Baroin, vous dites que vous êtes les pèlerins des droits de l'homme. Alors, je vous en prie, prenez donc votre bâton et allez cogner à la porte des bureaux de nos chefs d'États d'Occident en leur disant que leur tête est trop haut perchée, qu'ils ne voient pas le sable à leurs pieds où des milliers de fourmis creusent des trous. Allez-y parce que, parmi les droits de l'homme, le plus important reste le droit à la vie, et il est le plus menacé. »

Je sais gré au Grand Architecte de l'Univers de m'avoir permis d'être, pendant deux ans, le grand maître d'une merveilleuse obédience dont le cœur bat très fort.

La tâche de la franc-maçonnerie, comme je la conçois,

est de rassembler ce qui est épars, à l'instar d'Isis.

Tout cela n'est possible qu'avec le respect d'autrui, qu'en valorisant les différences. Chacun est unique et irremplaçable. C'est un truisme, je le sais. Mais la mort reste une catastrophe biologique. Nous ne sommes pas des partisans du « *viva la muerte* » que condamnait Miguel de Cenamuna. Le franc-maçon aime la vie et la vénère, j'aime la vie.

Parfois, on me demande comment on devient franc-maçon, pourquoi je fais partie du Grand Orient de France.

En fait, j'appartiens au Grand Orient de France par le plus grand des hasards.

Lorsque l'on devient franc-maçon, on ne sait pas ce qu'est une obédience. On rencontre simplement sur son chemin une personne que l'on estime parce que son comportement est en harmonie avec ses déclarations. Elle est authentique. C'est ce qui m'est arrivé.

J'ai rencontré sur mon chemin, en 1958, un ami qui fut pour moi un exemple. Il essayait à chaque instant de faire en sorte que ses paroles et ses actes correspondent aux principes qu'il professait. Il était franc-maçon de la Grande Loge de France. Il m'a conseillé d'aller au Grand Orient de France où je suis entré.

Sauf exception, le choix de l'obédience est le fruit du hasard.

Grande Loge de France, Grand Orient de France, Droit Humain, Grande Loge Nationale Française, tout n'est que complémentarité, merveilleuse complémentarité.

Cette diversité n'est que sensibilités différentes, nées de l'histoire.

Nous ne sommes que des êtres pris dans une histoire. La franc-maçonnerie est vieille comme le monde. Aussi vieille que les constructeurs du Temple de Salomon sur les collines de Morija.

Elle se perd dans la nuit des temps.

C'est en fait un idéal lié à l'évolution de la pensée humaine.

On pourrait souhaiter que toutes les obédiences, de concert, se penchent sur les problèmes mondiaux et confrontent leurs travaux à leur éthique. En résulteraient, j'en suis persuadé, des conclusions passionnantes, qui dépasseraient la variété nécessairement conjoncturelle.

Ne serait-ce qu'en raison des principes de morale universelle que tout homme ou toute femme, de n'importe quelle race et de n'importe quelle religion peut accepter et qui constituent l'essence de la franc-maçonnerie.

Nous partageons une même volonté d'être fraternels, d'appliquer concrètement les droits de l'homme, de défendre la liberté en tout temps, en tout lieu, en toute circonstance.

Les francs-maçons, pour cette raison, ont payé un lourd tribut. Nous ne le répéterons jamais assez. Avant la guerre, une obédience comme le Grand Orient de France comptait plus de 50 000 francs-maçons dans ses rangs. A la Libération, il n'en restait plus que 7 000...

Nombre d'entre eux disparurent dans les camps de déportation ou furent tués dans les maquis. Ils étaient pour la plupart résistants. Comment ne pas être résistant lorsque l'idée de liberté guide vos pas ; que l'on pense qu'il faut être unis quand la nation est en danger ?

La critique violente dont nous sommes parfois les victimes naît sans doute des frustrations que ressent l'individu qui vit en société et qui éprouve le besoin de trouver un « bouc émissaire ». Ce phénomène est vieux comme le monde. La franc-maçonnerie répond à cette attitude, que je dénonçais, d'inhibition de l'action. Elle rejette l'abandon, l'indifférence, l'agressivité, la violence et l'intolérance.

Nous savons qu'entre le dilettantisme et le fanatisme se situe notre idéal, cet équilibre que l'on atteint difficilement, mais auquel nous aspirons.

Notre idéal de solidarité et de paix ne peut progresser que par l'amour et non la haine, que par l'engagement responsable et non la démission. Gens d'union, tels doivent être les francs-maçons.

Jamais jusqu'alors, je n'avais consenti à me raconter ainsi et, au terme de ces lignes, j'ai encore quelque regret de l'avoir fait. Pourtant, si je l'ai fait, c'est parce que je me sens, aujourd'hui plus encore qu'hier, malgré ce drame familial qui un moment m'a fait douter de tout, profondément porté par la vie, par l'amour de la vie. Mais la vie, je ne la conçois qu'enracinée dans la cité, en contact avec les autres, avec la ferme volonté de participer encore davantage au perfectionnement moral et matériel de la société. La vie, c'est tout sauf le conservatisme. Être conservateur, pour moi, c'est être contre-nature, figé sur ses acquis alors que la vie n'est qu'évolution, progressivité, souplesse, hypercomplexité. Peut-être suis-je tout simplement un militant, et j'accepte cette étiquette, moins en cour aujourd'hui qu'elle ne le fut naguère, si elle signifie accepter les choses telles qu'elles sont, sans idéalisme ni pessimisme, avec la volonté de les faire évoluer vers un mieux-être collectif, condition de la paix entre les hommes. C'est à cela que je me suis employé dans les diverses fonctions qui ont jalonné ma carrière, pourquoi n'aurais-je pas la vanité de penser que je m'y emploie encore aujourd'hui dans les responsabilités qui sont les miennes ?

II

Entreprendre, avec les autres, pour les autres

Entreprendre, telle est, je crois, ma vocation. Cette notion donne sa cohérence à mon itinéraire individuel, malgré les aléas de la vie, les hasards de l'existence, le poids des choses qui influencent les choix, souvent bien au-delà de ce que l'on voudrait ou de ce que l'on croit. Je consacre l'essentiel de mon énergie à créer, innover, inventer, promouvoir, mettre en œuvre. Bien sûr, l'action suppose la connaissance et la conscience, mais il m'est toujours apparu nécessaire de ne pas se cantonner, du moins en ce qui me concerne, dans le domaine de la spéculation philosophique, de la culture ou de la pure réflexion intellectuelle. Apprendre dans les livres, je l'ai fait comme tous ceux qui ont suivi des études, obtenu des diplômes. Pourtant, c'est à l'école de la vie que s'est opérée la rencontre entre mes aspirations personnelles, mes rêves, mes convictions, mes préjugés aussi, et la réalité du monde, des hommes. J'ai eu la chance d'effectuer jusqu'à ce jour une carrière riche des expériences les plus diverses, d'avoir les moyens, dans l'exercice de mes fonctions, de mettre en pratique mes idées et aussi de les voir évoluer, se façonner au contact des situations et des rencontres les plus diverses. Là où je suis aujourd'hui, élu local et chef d'entreprise, je mesure tout le prix de ces acquis. Ma vie fut ainsi faite que je crois bien connaître les hommes et les choses de ce siècle. Comme ces strates du Colorado où se lisent l'amoncellement des millénaires et la diversité des paysages géologiques, je porte en moi, non comme un bagage pesant, mais comme une encyclopédie, utile à consulter sur toutes choses, un certain état d'esprit, des principes, nourris aux réalités, frottés à la dureté des temps, polis et façonnés par elles.

De tout cela, que reste-t-il aujourd'hui lorsque, après avoir écarté l'accessoire, je me trouve devant l'essentiel, sinon la conviction que le progrès est une nécessité ? Il résulte, pour beaucoup, de la volonté des hommes à entreprendre, mais entreprendre seul, pour soi-même, pour sa satisfaction ou sa réussite personnelle ne sert à rien. Entreprendre, oui, mais avec les autres et pour les autres. L'authenticité d'une action individuelle se mesure à son utilité sociale. Cette vérité vaut pour chacun, là où il se trouve ; tout particulièrement, je le crois, pour les élus et pour les chefs d'entreprise.

La démocratie locale : ça se pratique.

Élu local, je le fus, et j'ai dit dans quelles conditions, entre 1973 et 1979, comme conseiller général du canton d'Estissac. Lors du renouvellement de 1979, je ne me suis pas représenté car j'étais alors grand maître du Grand Orient de France. Il m'a semblé inopportun de solliciter à nouveau les suffrages. A cela, deux raisons essentielles. La première tient à la densité de mes occupations. C'était l'époque où je faisais avancer ce projet de « convent extraordinaire » auquel je tenais tant. Il a eu lieu, ses effets sur la franc-maçonnerie se font encore sentir, ce qui me réjouit. La seconde résulte du climat politique de l'époque : la diversité d'opinion du monde maçonnique est une de ses richesses essentielles, et l'action du grand maître a d'autant plus d'efficacité qu'il ne peut lui être reproché de pencher davantage d'un côté que de l'autre. Or, l'on me prêtait déjà beaucoup d' « obédiences » politiques : les uns me disaient radical, les autres fauriste, giscardien ou chiraquien. Me présenter dans ce contexte m'aurait conduit à me situer sur l'échiquier politique et donc à obérer ma liberté de manœuvre à un moment important de l'histoire maçonnique. J'ai donc abandonné mon mandat et poursuivi mon chemin de grand maître du Grand Orient.

Les choses se présentaient différemment en 1979, et je suis revenu à Nogent-sur-Seine, où j'avais été sous-préfet. Les conditions de mon retour dans cette ville, comme élu, méritent d'être contées. J'avais évidemment gardé, depuis le milieu des années soixante, des relations fréquentes, assidues, cordiales, avec nombre de Nogentais, notamment avec les élus. Depuis mon départ, la ville ne s'était pas assoupie, bien au contraire. La décision de l'Électricité de France, soutenue par l'équipe municipale, de construire à Nogent une centrale nucléaire, donnait à la gestion de cette cité un attrait particulier, des moyens appréciables. L'ancien maire était chirurgien-dentiste. Il avait lancé la centrale et tenait à son œuvre. Il ne voulait pas voir les choses péricliter mais, comme le maire précédent, modéré, il ne voulait pas se représenter. Or, le risque existait que la mairie puis le canton soient conquis par les communistes. Les élections à Nogent ne variaient guère : 51 %, 49 %, tantôt d'un côté tantôt de l'autre. Les maires de Nogent m'ont alors contacté, je dis bien *les* maires : le maire sortant, qui avait été tête de liste de l'Union de la gauche, radical de gauche, et le maire modéré, ainsi qu'un adjoint, ancien instituteur. Tous me demandaient de me présenter et me tenaient le même langage : « On voudrait vraiment que vous veniez, on a besoin de vous. » J'ai donné mon accord, à une condition : « Je ne veux pas de listes politiques, ça ne m'intéresse pas, moi je suis pour la recherche d'union, je veux réaliser les conditions de l'union, en faisant la promotion d'une cité. Il faut que vous veniez tous, que nous y allions tous ensemble. » A leur tour, ils ont donné leur accord. La liste s'est appelée : « Union pour la promotion de Nogent. » A un ami percepteur, socialiste, malheureusement mort depuis, j'ai proposé de faire partie de la liste pour élargir encore l'union. A son tour, il m'a donné son accord, mais à une condition — que j'ai jugée inacceptable — : que je ne prenne pas sur ma liste son second adjoint. J'ai donc refusé. A mon grand étonnement, il m'a assuré de sa volonté de travailler quand même, dans le même sens que moi. Il a constitué sa liste socialiste et communiste. Dans les jours qui ont précédé le scrutin, ses amis ont distribué un tract, c'était ma caricature, avec pour légende : « Super-Baroin revient. » Leur programme était la copie exacte, mot pour mot, de notre programme... Alors, à partir du moment où je suis devenu maire et où nous nous sommes retrouvés au conseil municipal, la fidélité à mes engagements m'a conduit à appliquer à la fois notre programme et le leur puisque l'opposition et la majorité avaient le même programme. Ainsi, j'ai un conseil municipal unanime. Les communistes aussi votent avec nous. Je n'ai jamais de problèmes d'ailleurs.

Ma liste d'union, qui comprenait aussi des socialistes, a remporté 65 % des suffrages, alors qu'à Nogent, je l'ai déjà dit, les résultats étaient traditionnellement 51 %, 49 %. Nous avions bouleversé de fond en comble les règles habituelles.

Il en fut de même aux élections cantonales. Trois

candidats s'affrontaient : un communiste, un membre du Front national et moi. Il n'y avait pas de socialiste. Le Front national a obtenu 10 % et je me suis retrouvé avec 66 % de voix.

Donc, petit à petit — c'est cela que je veux —, on a fait évoluer la ligne de partage et entrepris de travailler tous ensemble, en tout cas avec le maximum de citoyens, toutes tendances confondues, autour d'une conception du rôle, de la place, du devenir, de la vie de l'homme dans la société. Pour moi, Nogent, c'est un terrain d'expérimentation, c'est la possibilité de voir comment abattre toutes ces barrières de « politique politicienne » qui ne correspondent plus à une réalité sociologique, pour mieux répondre aux exigences d'une société en pleine évolution, aux prises avec des problèmes incommensurables tant les transformations s'accélèrent. Nous sommes dans une phase d'émancipation de l'individu ; simultanément monte l'angoisse du lendemain. D'où la préférence donnée à la sécurité sur la liberté, qui s'observe dans la réalité de tous les jours, dans le comportement des individus, aussi bien que des chefs d'entreprise. La quête de la sécurité génère des comportements conservateurs : on veut garder ce que l'on a pour continuer à survivre, on se crispe sur ce qui est acquis, on a peur de risquer de créer, d'innover, d'aller de l'avant. Il faut surmonter ces blocages, sinon la préférence donnée à la sécurité sur la liberté risque d'engendrer une crise très profonde de la civilisation occidentale.

La ville de Nogent, grâce à l'expansion liée à la centrale nucléaire et à l'union au conseil municipal, m'offrait un terrain idéal pour aller de l'avant et rééquilibrer, au profit de la liberté, le couple sécurité-liberté, autour de réalisations qui, peu à peu, modifient le climat de la cité.

Il n'est pas aisé, certes, de reprendre un conseil municipal, avec en son sein des élus de l'ancienne équipe, qui ont pris des décisions que l'on souhaite modifier car elles ne paraissent plus conformes à l'intérêt général, du moins à la conception que l'on en a. Mais l'extraordinaire est de constater le rôle de l'amitié : grâce à elle, il devient possible de remodeler une ville, avec l'assentiment du plus grand nombre, y compris de ceux qui avaient choisi, dans le passé, des options différentes. Il faut se garder d'asséner des vérités toutes faites, « Super-Baroin » n'impose pas ses décisions mais cherche au contraire à démontrer, à exposer en sorte que chacun se fasse sa propre religion, à convaincre sur une idée, un projet, un choix. La concertation préalable et le consensus pour l'action sont et seront de plus en plus des voies de passage obligé. Faute de les emprunter, on va droit à l'échec. C'est ainsi que nous travaillons à Nogent.

En 1983, à mon arrivée au conseil municipal, j'ai trouvé une salle des fêtes installée dans la zone industrielle, sous le prétexte qu'une salle des fêtes est un équipement bruyant, à éloigner le plus possible du centre ville pour que son activité ne dérange pas les habitants. Ainsi, une salle des fêtes, la fête, sont considérées comme des nuisances, des pollutions, exclues de la cité, rejetées à ses marges et avec elles les jeunes, ses utilisateurs les plus assidus. A l'inverse, sous prétexte que les élèves d'un CES ne doivent pas se fatiguer pour marcher, il avait été décidé de construire un gymnase à côté du bâtiment scolaire ; moyennant quoi, on faisait disparaître un bois, un espace vert en pleine ville. Personne n'avait observé le côté aberrant de ces décisions. On trouvait normal d'obliger les jeunes à de longues marches pour gagner la salle des fêtes et de détruire un bois pour éviter à ces mêmes jeunes de marcher un peu pour rejoindre un gymnase où ils allaient être invités à courir ! Étrange paradoxe que l'on retrouve pourtant si souvent dans le domaine de l'aménagement urbain. Alors, j'ai tout repris de zéro. J'ai fait venir un urbaniste : « Il ne faut pas que l'on fasse les choses n'importe comment, il me faut un schéma d'urbanisme. » Dans cette ville, il y a un vieux centre autour d'une église vers lequel tout converge. C'est cela qu'il faut préserver pour relier la vieille ville et les quartiers modernes. Je me suis arrangé avec l'EDF, qui avait besoin d'une salle de regroupement au cas où des incidents se produiraient à la centrale, pour créer une réalisation immobilière unique qui grouperait tout. Ainsi, au cœur de Nogent, la « salle des fêtes », puis la « salle polyvalente » sont devenues un « complexe sportif socio-éducatif et culturel », le COSEC et maintenant l'Agora.

Ici, les mots ont un sens. Au lieu d'avoir, soit une salle des fêtes, isolée du reste de la cité, où ne se retrouve, en des moments précis, qu'une catégorie de la population, soit un complexe sportif qui présente les mêmes caractéristiques de spécialisation et de ségrégation, Nogent possède un équipement intégré, lieu de rencontre des Nogentais les plus divers, aux motivations les plus disparates, de tous âges et de toutes conditions. Le sport et la culture, les divertissements du corps et ceux de l'esprit, ont leur place dans un lieu ouvert sur la cité, sur ses activités, sur ses habitants. Avec cette Agora, Nogent met en pratique une autre façon de vivre ensemble, de se découvrir, de se fréquenter, de se connaître, d'aller dans le sens de l'union, de la solidarité, de la compréhension des autres. Qu'est-ce que la démocratie sinon l'Agora, la libre rencontre d'individus qui échangent leurs idées, leurs expériences, leurs espoirs pour un but commun : l'épanouissement de l'homme dans la cité. C'est un peu cela, et j'espère demain plus encore, l'Agora de Nogent. On a ainsi créé un ensemble tout à fait extraordinaire, situé dans un environnement où il n'y avait rien. Il est agréable, pour un maire, de voir surgir les réalisations, courts de tennis, terrains de football, maintenant utilisés aussi pour le rugby. Quant aux immeubles collectifs, nous ne les avons pas mis dans la campagne mais au contact de la zone pavillonnaire, afin de ne pas isoler ces habitants plus modestes du reste de la cité. On a aussi construit une superbe petite école, et son inauguration fut pour moi l'occasion d'une découverte étonnante. Au milieu de la cour ouverte, par laquelle on entre, il existe un espace circulaire un peu bombé. Par hasard, je me suis trouvé là : je note que la voix résonne. Je m'adresse à l'architecte : « Tu as fait quelque chose d'extraordinaire, de miraculeux, tu as reconstitué la colonne d'harmonie sur la route du Ciel, dans la Cité interdite, qui mène au Temple du Ciel à Pékin. » Il me regarde, interloqué. Je lui explique. On connaît ce chemin extraordinaire que l'empereur de Chine suivait, avec tous ses courtisans ; avant de gagner le Temple du Ciel, il s'arrêtait dans un espace circulaire, juste sous l'étoile polaire. Là, il parlait, et l'écho lui renvoyait sa voix. Ainsi, il se rechargeait en énergie avant d'aller au Temple du Ciel. Eh bien, cet architecte de Nogent, en réalisant un ensemble très géométrique, avait reconstitué, sans le savoir, la colonne d'harmonie.

A cette anecdote, on constate combien cette fonction de maire est plaisante. Pour moi, elle me permet de contribuer à réaliser plus d'harmonie en essayant d'être généreux, en m'intéressant à la vie des citoyens. Je me suis aperçu que le meilleur moyen d'action, dans ce domaine, était la culture. La culture permet de rassembler, parce qu'elle crée des occasions d'aventure. A vivre des aventures ensemble, on ne s'occupe pas de savoir si l'on est de droite ou de gauche ou du milieu. Après de telles expériences, qui gomment les différences, rien ne peut plus jamais être comme avant.

J'ai pu le vérifier également dans les relations avec les diverses communautés ethniques installées à Nogent. Cette ville — on vient de faire un recensement complémentaire — qui avait 5 700 habitants en 1983, en compte aujourd'hui 6 189 ; une croissance forte donc, en peu de temps. Cet ensemble humain comprend 350 Turcs, Marocains, Algériens, 450 Portugais et une petite communauté d'Arméniens.

Les Portugais constituent un phénomène assez particulier. Il me paraît préférable de chercher à « bien vivre ensemble » plutôt que de vouloir intégrer la communauté étrangère : que les gens vivent en paix, en se respectant les uns les autres, ne traversant pas la rue pour éviter l'un d'entre eux ; on se croise, on se dit bonjour, et chaque communauté conserve son originalité, ses traditions. Il y a un an, pour l'organisation d'un grand corso fleuri, j'avais rassemblé tout l'arrondissement, toutes les communes. Chacun avait fait des chars, les Portugais avaient édifié le leur aussi. Je leur avais dit : « Vous devriez participer aux fêtes, retrouver votre folklore, les danses, les chants... » A partir de ce moment, ils ont fait les costumes, et maintenant des Portugais ont repris la tradition de leurs danses, comme ils avaient leurs équipes de foot. Ils conservent leur identité, sont ensemble avec les autres dans la cité. Beaucoup travaillent chez les Nogentaises et les Nogentais, dans les entreprises ; ils sont dans la vie, ils participent à la vie de la cité et il n'y a pas de problème.

Pour les Maghrébins, la situation est aussi très agréable. Peut-être parce que nous vivons dans une petite ville, mais aussi parce que nous avons, vis-à-vis d'eux, les mêmes conceptions. Un samedi matin, je tenais ma permanence de maire. Je reçus la visite d'une délégation de musulmans installés à Nogent-sur-Seine depuis vingt-cinq ans. Ils étaient venus me demander une salle de prières. Sachant que les travailleurs migrants, qui participent à la construction de la centrale électro-nucléaire, ont dans leur cité une mosquée, je m'étonne : « Pourquoi n'allez-vous pas prier là-bas ? » Ils me répondent : « Vous savez, ce ne sont pas les mêmes gens que nous, nous sommes des Nogentais. » Depuis lors, il y a deux mosquées dans ma ville.

Je crois que l'amour porté aux autres nie le racisme et rejette la discrimination tout en contribuant à la paix. Il en est de même dans l'attitude à l'égard de la jeunesse. Il ne me semble pas adéquat d'isoler les jeunes comme une catégorie morale à part. L'important, c'est de faire les choses que les jeunes savent être bien pour eux et non pas de dire : « On va faire quelque chose de spécial pour les jeunes... »

Un jour, je me promenais dans la rue. Deux gosses de 12-13 ans se précipitent vers moi et me disent : « Monsieur le maire, on voudrait vous voir... » Je dis : « Eh bien ! Je suis là. » Alors, ils s'écrient : « Attendez, attendez ! » puis reviennent avec une pile de journaux qui parlaient de moto-cross. Je me suis accroupi sur le trottoir avec ces deux mômes et j'ai regardé leurs journaux. Tel est le climat à Nogent. Les enfants y sont sensibles. Ils savent bien qu'on les aime. C'est pourquoi j'ai lancé les rencontres poétiques nationales ; les deuxièmes se sont déroulées à Nogent. La poésie invite au rêve, elle éveille l'imagination, la créativité. Le thème qui fut choisi par ces poètes était celui de « l'eau ». Dans toutes les classes, pendant huit jours, 1 500 enfants ont fait des poésies, et les gosses continuent encore aujourd'hui à faire de la poésie. Il faut aussi leur montrer qu'on s'attache à eux. Les classes doivent être propres ; il faut qu'il y ait une bibliothèque dans les classes et que l'on y consacre des sommes relativement importantes. J'ai un programme de cinq ans : chaque année voit des réalisations nouvelles. On fait donc beaucoup de choses et les jeunes le savent.

J'évoquais précédemment le rôle de la culture. Ma

femme a relancé le théâtre à Nogent, elle a fait en sorte, par le choix des pièces, que des jeunes participent, comme acteurs, à ce renouveau du théâtre. Ils se sentent ainsi concernés. Elle a organisé des soirées « cabaret » avec des jeunes, notamment une petite Algérienne qui a des qualités extraordinaires d'actrice. Cette jeune fille a sa troupe à elle, maintenant, avec des copines, qui ne sont pas algériennes ; à chaque manifestation, elles viennent donner un numéro de danse. Voilà comment je conçois les choses : éviter toute ségrégation. Pour ma part, j'ai plutôt tendance à considérer les jeunes comme des adultes.

Récemment, en novembre 1986, j'ai eu des problèmes de conscience lors des manifestations étudiantes organisées contre le projet de loi Devaquet. Les jeunes de Nogent étaient outrés de ce qu'ils avaient vu à la télévision, outrés de la violence, notamment envers ce jeune Malik qui est mort : leurs camarades de classe sont des Marocains, des Algériens. Ce sont des copains, et c'était un copain à eux qui était mort... Ils voulaient donc aller manifester ; je craignais que cette manifestation ne dégénère, compte tenu de la tension environnante, que cela leur porte préjudice. Je les ai donc réunis et leur ai exposé mon problème : « Ma tendance, c'est d'interdire la manifestation pour des raisons de tranquillité publique et de maintien de l'ordre. J'ai le droit de le faire, mais je ne voudrais pas que vous pensiez que je suis un maire négatif. Je suis comme vous, je pense comme vous, moi aussi j'ai beaucoup de peine parce que la France de demain, c'est vous. Vous êtes notre richesse et on tape sur cette richesse. Alors, je vous fais cette proposition, vous allez faire la fête de l'amitié. On va ainsi s'opposer à la violence. D'où qu'elle vienne, on la condamne et on va répondre par la fraternité, l'amitié, l'affection. Alors, je vous demande de m'élaborer un projet, je vous donne la salle, je ne vous fais pas payer, je vous prête le personnel qu'il faut pour monter votre affaire, mais vous la montez vous-même, vous y réfléchissez pendant vos vacances de Noël et puis on réalise cela fin janvier 1987. »

Ce qui est important, c'est de prendre en compte la capacité de générosité, le besoin de responsabilité de la jeunesse, à un âge beaucoup plus précoce qu'il y a quatre ou cinq ans. A 14-15 ans, maintenant, ils veulent manifester. Il faut donc « faire avec eux ». Pour moi, cela revient à les considérer comme des adultes. Jamais pour autant je ne créerai à Nogent un conseil municipal de jeunes. C'est une pratique démagogique et de surcroît illégale — je préfère des séances de *brain-storming,* au théâtre de Nogent, avec l'animateur culturel que j'ai auprès de moi, pour discuter avec eux et voir comment ils se considèrent dans la cité, en tirer des enseignements et prendre des décisions dont je sais ainsi qu'elles vont rencontrer leurs aspirations.

Être maire, c'est donc d'abord et avant tout répondre à l'énorme besoin de considération qui transpire par tous les pores de nos sociétés, en particulier dans la société française. Notre monde de communication et d'information a pour conséquence de transformer cette demande de considération en demande de participation. Il ne s'agit plus seulement aujourd'hui, pour quiconque détient le pouvoir électif, de décider, de réaliser dans la solitude de son bureau, ce que l'on croit bien, juste, utile pour autrui.

Dans nos sociétés complexes, l'intérêt général ne se décrète pas, il s'élabore dans la discussion, dans la concertation, dans des formes multiples de démocratie directe et participative : le temps de l'Agora est revenu ; il faut s'en féliciter. L'intérêt d'être maire dans une cité, c'est de pouvoir ainsi, peut-être mieux que d'autres, connaître les vicissitudes et les espérances qui traversent la vie des gens, porter autant que faire se peut remède aux premières et concrétiser dans la mesure du possible les secondes. Tout magistrat municipal est désormais confronté à ces nouvelles exigences de la démocratie et, sauf à courir à sa perte, il doit opérer une révolution personnelle pour répondre aux aspirations de ses administrés, élaborer un projet collectif pour sa ville, qui libère les énergies des individus et leur permette de s'unir et se rassembler autour d'ambitions communes.

La mise en œuvre d'un projet de « savoir vivre ensemble » commence à ce niveau. Qu'est-ce qu'un citoyen, sinon quelqu'un qui a conscience de sa responsabilité, de ses droits et de ses devoirs, notamment ceux de solidarité ? Qu'est-ce qu'un maire, sinon un citoyen qui a reçu pour mission de concilier la sécurité et la liberté, en faisant respecter les lois et les règlements ? N'a-t-il point en charge d'éviter que les habitants de sa cité ne se désintéressent de la vie de leur ville ou passent leur temps à s'y agresser ? N'a-t-il pas pour tâche, en assurant le bon ordre et la salubrité, de faire régner l'harmonie, de contribuer à rassembler ce qui est épars ? Comment peut-il réussir à atteindre ces objectifs d'intérêt général, sinon en consultant ses concitoyens, en leur conférant la considération à laquelle ils peuvent légitimement prétendre. Il est bien plus intéressant de construire dans l'union et dans le respect des sensibilités, afin de promouvoir une cité, que d'affirmer des vérités illusoires en maintenant des combats d'essence politicienne. Ainsi, l'existence de sous-commissions mixtes, compétentes en matière de sport, de culture, animées par un conseiller municipal, composées de citoyennes et de citoyens qui s'y intéressent, favorise les prises de décisions du conseil municipal, en associant la population, au cours de leur élaboration.

Qu'y a-t-il de plus noble que de permettre, au travers d'une association, l'essor du théâtre local, en offrant la possibilité aux habitants de donner des représentations dont ils sont les acteurs ? Gauche et droite perdent tout sens ; on y vit une aventure enrichissante qui profite à toutes et à tous.

Veut-on aménager une voie ? Lorsque l'ingénieur subdivisionnaire des Travaux publics consulte chaque habitant de la rue pour avoir son avis avant de soumettre le dossier aux commissions municipales compétentes, il est évident que le consensus de la population est plus aisément obtenu. C'est, en tout état de cause, le moyen le plus sûr d'aider les gens à trouver leur bonheur et à promouvoir des relations humaines d'un type différent de celles auxquelles nous sommes habitués.

Ces observations sur le terrain — « *on the spot* », diraient les Anglo-Saxons — présentent l'indiscutable intérêt de faire le constat qu'une nouvelle façon de sentir, de penser, d'agir est en train de naître ; il faut y répondre. Compte tenu de ces principes, de ces traditions, de la richesse de la devise républicaine « Liberté, Égalité, Fraternité » et de l'échelle de valeurs qui s'y rattache, il serait souhaitable que la France soit en avance sur ses voisins en ce domaine.

Dans l'une de ses subtiles chroniques matinales sur Europe N° 1, consacrée à « l'affaire » de la nouvelle pièce de 10 francs, Michèle Cotta disait très justement : « Je me demande qui a consacré ce piège absolu, quel technocrate, en proie à quel sadisme ; et comment il a pu aller jusqu'au bout de sa diabolique invention sans qu'à aucun moment personne n'intervienne.

J'avoue qu'à un moment où l'on parle de concertation, de participation, etc., il est assez piquant de constater que, sur la plupart des problèmes de notre vie quotidienne, il ne vient à l'esprit de personne de consulter qui que ce soit. Et si je me laissais aller, j'énumérerais sans peine une liste de sujets du même acabit. En tête : l'école le samedi matin. J'entends avec incrédulité les propos du ministère : les enfants doivent se reposer le mercredi ; et les enfants de l'école privée, alors, ils sont moins fatigables que les autres ?

Que dire de l'âge de la retraite, des horaires de travail, où l'idée de consulter les gens concernés et de tenir compte de leurs avis apparaîtrait tout simplement comme une incongruité, à la limite du scandale !

Le mal français existe ; sa traduction habituelle : préférer la théorie à la pratique, les grandes idées aux petites réalités. »

Comment ne souscrirais-je pas à ces paroles ? C'est pour éviter ce genre de désordre que j'ai engagé ce pari à Nogent-sur-Seine, ce pari de l'*union,* pour rassembler et faire mieux vivre ensemble, dans la cité, toutes les Nogentaises, tous les Nogentais. C'est cela, la promotion d'une cité : valoriser ses réalisations, ses habitants, en vivant ensemble une aventure, celle de la démocratie participative. Ce faisant, je m'efforce de réduire le fossé entre le fonctionnement des institutions politiques, à l'échelon local, et les comportements individuels ou collectifs des citoyens. Avec succès me semble-t-il. Je crois très fermement que ce qui vaut pour la cité vaut aussi pour l'entreprise, les entreprises dont j'assume aujourd'hui la charge.

L'entreprise participative : le profit social

« Il ne suffit pas de crier à l'Europe, l'Europe, l'Europe et de sauter sur sa chaise comme un cabri ! » s'exclamait, en

1965, le général de Gaulle à propos des professions de foi enflammées de Jean Lecanuet à ce sujet. On pourrait en dire de même aujourd'hui de l'entreprise. Elle est au centre de tous les débats. Partout fleurissent les colloques à son sujet, avec d'ailleurs toujours plus ou moins les mêmes sujets et les mêmes participants. Que se passe-t-il donc dans ce pays qui a toujours mal considéré l'entreprise, perçue comme le lieu de l'exploitation de l'homme par l'homme, le terrain de la lutte des classes, le refuge des marchands du temple adonnés aux délices pernicieuses du profit, des patrons que l'on ne se représentait, il y a peu encore, que sous les traits d'un homme gras et ventripotent, en queue-de-pie et haut-de-forme, tirant moelleusement sur un énorme cigare et dissipant ainsi en fumée la sueur de ses ouvriers ? S'agit-il d'une mode, amplifiée par les médias, à laquelle il est bon de sacrifier, d'une foucade de l'opinion publique, qui durera ce que durent les roses et passera comme elle est venue, ou bien encore d'un effet momentané de la crise et du chômage ? En effet, les restrictions budgétaires ont annihilé tout espoir de création d'emplois dans la fonction publique, le vaste secteur nationalisé ne s'est guère révélé performant en ce domaine et, le prestige de l'État-patron en étant terni, chacun se retournerait alors vers l'entreprise privée et ceux qui l'animent pour surmonter ce fléau social, ce cancer qui ronge notre société : le chômage.

Pour ma part, je ne crois ni à l'une ni à l'autre des explications. Il me semble, en effet, que l'intérêt porté à l'entreprise traduit une évolution profonde, une prise de conscience durable, bien qu'encore confuse. De même que ceux qui ont pour mission d'enseigner s'inquiètent de leur ignorance à son égard et voudraient bien savoir « comment cela marche », nos concitoyens, las d'entendre ceux qui les dirigent disserter sur les choses sans être au fait des problèmes réels, notamment ceux des entreprises, se tournent vers elles pour mieux appréhender les difficultés du temps et les moyens d'en sortir. Alors fleurissent les projets, les suggestions, les propositions les plus diverses, émanant du monde patronal et du monde politique. Les patrons s'interrogent sur leur place dans la société, et les politiques sur la façon d'éviter les erreurs lors de l'élaboration et du vote des textes qui concernent le secteur productif. L'imagination à cet égard est féconde, et le champ est totalement libre pour qu'elle puisse s'exercer. J'y prendrai ma part car il me semble que le problème n'est pas posé dans toute son amplitude et que, lorsqu'on aborde la notion d'entreprise, son rôle, sa place, son devenir dans la société, il faut opérer un dépassement. Mais, avant d'en arriver là, c'est mon expérience de chef d'entreprise que je veux évoquer, dans un secteur particulier, celui de l'économie sociale.

L'économie sociale : avoir plus pour être plus.

L'économie sociale est sans doute aussi vieille que le monde, aussi vieille que la tribu. Si l'on réfléchit à la façon dont vivaient les Incas, si l'on observe comment certaines tribus d'Afrique organisent leurs relations d'échanges, l'on constate aisément que la notion de coopération est inhérente à la nature humaine. Sans aller aussi loin, cette notion n'est cependant pas nouvelle en France. Il suffit de lire les écrits de Fourier, Proudhon, Le Play, Gide, Rist ou Jaurès pour retrouver cette réflexion sur les relations sociales à l'intérieur de l'entreprise et les relations de celle-ci avec son environnement. Dans une conception moderne, il s'agit d'harmoniser l'économie et le social. L'économie a pour vocation de traiter les relations de production, d'échange et de répartition des biens et des services, entre des individus ou des groupes afin d' « avoir plus ». Le social a pour caractéristique de promouvoir les moyens contribuant à l'amélioration individuelle et collective en permettant à chacune et à chacun d' « être plus ». « Avoir plus pour être plus », telle pourrait être la devise de l'économie sociale qui cherche à concilier l'avoir avec l'être.

L'économie sociale est un concept vivant. Elle porte témoignage d'une aspiration des individus à participer aux décisions qui les concernent, à se dégager de tous les centralismes, de toutes les bureaucraties, de toutes les technocraties. Ainsi s'exprime une conception originale de l'organisation des relations de production et d'échanges de biens et de services, fondée sur une conviction : pour concilier l'aspiration à la sécurité et le besoin de liberté, il est impératif d'insuffler à chacun l'esprit de responsabilité, lequel passe par la conscience d'appartenir à une communauté solidaire. A l'instar de la devise républicaine qui orne le fronton de nos mairies, la devise de l'économie sociale repose sur le triptyque « Solidarité, Sécurité, Liberté ».

C'est en 1980 que les principes qui la régissent ont été pour la première fois fixés par écrit. Il était important, pour éviter toute récupération politique — on parlait beaucoup à l'époque de tiers secteur, chacun cherchait la troisième voie, c'étaient les années 1978-1979 —, de rassembler les représentants de tous les secteurs de l'économie sociale, mutualistes, coopératifs, associatifs, sans oublier les agriculteurs. Nous nous sommes tous retrouvés au sein du Comité national de liaison, dont je suis le vice-président. Nous avons décidé alors de manifester notre originalité, non pas en cherchant des mots nouveaux, mais en revenant à nos racines : faire le point et organiser à Bruxelles un regroupement européen de l'ensemble de nos organismes.

Ce fut l'occasion de constater que nous représentions une immense richesse, que, malgré la diversité de nos structures, nos principes de fonctionnement, notre éthique étaient les mêmes. Ainsi naquit, en 1980, la *Charte de l'économie sociale* qui exprime les orientations principales des mouvements mutualistes, coopératifs et associatifs qui constituent l'essence même de ce que certains ont cru devoir, à tort ou à raison, appeler une « troisième voie »... Dans ce texte a été ramassé l'essentiel des principes qui commandent le comportement de nos entreprises, aussi bien vis-à-vis de l'extérieur qu'à l'intérieur même de nos structures. J'ai participé de très près à la rédaction de ce texte, et son contenu mérite, je le crois, d'être cité *in extenso* :

> « Les coopératives, les mutuelles et les associations regroupent plus de 20 millions d'adhérents et emploient plus d'un million de travailleurs. Elles constituent le secteur de l'économie sociale qui est née d'une volonté des individus de régler eux-mêmes de manière plus satisfaisante leurs problèmes et d'assurer leur propre destin, que ce soit en matière de production ou de consommation, d'assurance ou de protection sociale, d'éducation ou de qualité de vie.
>
> Pour être sectorielle, chaque initiative n'en témoigne pas moins sans ambiguïté d'une attitude fondamentale des citoyens de prendre leurs responsabilités au sein de la collectivité.
>
> Ces données prennent aujourd'hui une vigueur nouvelle et l'on assiste à une explosion dans la création des associations, de même que l'on constate sur le plan général une aspiration de l'individu et du petit groupe à comprendre ce qui se passe, à participer aux décisions, à se dégager de tous les centralismes, de

toutes les bureaucraties, de toutes les technocraties. La crise des idéologies traditionnelles renforce le comportement émancipateur et profondément démocratique.

S'appuyant sur ce courant puissant et irréversible, l'ensemble de l'économie sociale a une mission à accomplir.

Il incombe donc aux mouvements coopératifs, mutualistes, associatifs, qui ont prouvé qu'il était possible de concilier efficacité et moindre coût, rentabilité et action démocratique, vérité économique, imagination et militantisme volontariste, de mobiliser leurs forces et leur énergie pour en populariser les voies originales et les possibilités dans une société à la recherche de son devenir.

Ils entendent intensifier leur action et rechercher pour elle de nouveaux points d'application, des champs d'activité plus étendus où les citoyens responsables pourront à la fois trouver une satisfaction meilleure à leurs besoins traditionnels et s'adapter collectivement aux exigences nouvelles d'une vie économique et sociale en pleine mutation. Ils ne revendiquent rien d'autre que la reconnaissance de leur spécificité et de l'égalité des chances devant le droit au développement.

La liberté d'entreprendre et la diversité des initiatives sont les conditions de l'épanouissement de la responsabilité. Mais ce serait une dérision que d'attendre une vie meilleure des impulsions d'individus isolés et du jeu délibérément faussé des lois économiques incertaines.

Refusant l'abandon des plus faibles et leur assujettissement aux plus forts, le monde de l'économie sociale organise la solidarité comme nécessaire complément de la responsabilité. Ces deux idées sont indissociables car, ensemble, mais ensemble seulement, elles permettent de surmonter la contradiction entre les deux exigences les plus impérieuses mais les plus divergentes de notre temps : la liberté et la sécurité.

A l'exigence de liberté, associations, coopératives et mutuelles répondent par l'initiative collective de femmes et d'hommes responsables. A l'exigence de sécurité, par l'organisation de la solidarité au sein d'organismes dont la gestion est assurée par des mandataires démocratiquement élus pour le seul bénéfice de leurs adhérents et dans le cadre de l'intérêt général.

Le classicisme libéral, vers lequel la technostructure a glissé très naturellement, ne saurait être un modèle pour l'économie sociale non plus que la planification bureaucratique. Au début de ce monde, il y avait l'homme. Associations, coopératives, mutuelles le replacent comme référence première dans la charte de l'économie sociale.

Tels sont les objectifs qu'elles poursuivent.

CHARTE

L'humanité en cette fin de siècle affronte une crise de civilisation fondamentale. Celle-ci touche tous les aspects de la vie : les structures économiques et sociales, la cité, la vie politique et culturelle, l'homme lui-même.

Forts de ce constat, les mouvements coopératifs, mutualistes et associatifs proclament leur attachement aux principes fondamentaux qui constituent la charte de l'économie sociale.

Ils ont la volonté dans leur action quotidienne de

favoriser la conciliation harmonieuse de la rigueur économique et de l'audace sociale. Pour ce faire, les organismes coopératifs, mutualistes et associatifs rassemblent des hommes responsables et s'efforcent d'introduire ainsi un nouveau type de rapports dans les relations humaines fondé sur les notions de dignité, de liberté et de solidarité.

Article 1 : les entreprises de l'économie fonctionnent de manière démocratique, elles sont constituées de sociétaires solidaires et égaux en devoirs et en droits.

Article 2 : les sociétaires, consommateurs ou producteurs, membres des entreprises de l'économie sociale, s'engagent librement suivant les formes d'action choisies (coopératives, mutualistes ou associatives) à prendre les responsabilités qui leur incombent en tant que membres à part entière desdites entreprises.

Article 3 : tous les sociétaires étant au même titre propriétaires des moyens de production, les entreprises de l'économie sociale s'efforcent de créer, dans les relations sociales internes, des liens nouveaux par une action permanente de formation et d'information dans la confiance réciproque et la considération.

Article 4 : les entreprises de l'économie sociale revendiquent l'égalité des chances pour chacune d'elles ; affirment leur droit au développement dans le respect de leur totale liberté d'action.

Article 5 : les entreprises de l'économie sociale se situent dans le cadre d'un régime particulier d'appropriation de distribution ou de répartition des gains. Les excédents d'exercice ne peuvent être utilisés que pour leur croissance et pour rendre un meilleur service aux sociétaires qui en assurent seuls un contrôle.

Article 6 : les entreprises de l'économie sociale s'efforcent, par la promotion de la recherche de l'expérimentation permanente dans tous les domaines de l'activité humaine, de participer au développement harmonieux de la société dans une perspective de promotion individuelle et collective.

Article 7 : les entreprises de l'économie sociale proclament que leur finalité est le service de l'homme. »

Il n'est pas question d'affirmer benoîtement que ces entreprises sont meilleures que les autres. Cela serait inexact. Comme les secteurs de l'économie, quelle que soit la forme juridique adoptée, elles connaissent des hauts et des bas, certaines sont performantes, d'autres moins. Les échecs furent assez nombreux d'ailleurs, ces dernières années, faute d'une adaptation suffisamment rapide aux réalités d'un monde qui change vite et condamne irrémédiablement ceux qui n'ont pas su évoluer à temps.

L'économie sociale ne vaut que si les principes qu'elle professe sont appliqués en son sein même. Si, par exemple, on souhaite que les gens soient responsables, il ne faut pas les asservir, en faire des militants, qui attendent directives et mots d'ordre pour avancer. L'essor indiscutable des entreprises d'économie sociale qui, dans notre pays, concernent 20 millions de personnes, montre qu'il ne saurait y avoir, dans le monde tel qu'il est, de *pratique,* au sens d'entreprendre, sans *éthique,* sans corpus de culture. L'article 7 de la charte est d'ailleurs sans ambiguïté à cet égard : « Les entreprises de l'économie sociale proclament que leur finalité est le service de l'homme. » Le choix est clairement affirmé de la primauté de la personne par rapport à la société. Mais, simultanément, on exalte la solidarité comme nécessaire complément de la responsabilité, ce qui signifie par là leur indissociabilité. Ensemble, mais ensemble seulement, elles permettent de surmonter la contradiction entre ces deux exigences les plus impérieuses mais aussi les plus divergentes de notre temps : la liberté et la sécurité. Ainsi prime la contribution de l'entreprise au développement du corps social et non pas la volonté de faire de l'argent à tout prix.

Les indispensables excédents de fin d'exercice, les bénéfices ont pour finalité, dans cet esprit, *de permettre la poursuite de la mission d'amélioration générale et de réalisation de l'harmonie sociale qui incombe à toute entreprise digne de ce nom.* Cela suppose que le chef d'entreprise, au moment de la préparation de ses décisions, commence par se poser la question de savoir si ses plans vont permettre de concilier, au sein du groupe humain qu'il dirige, la solidarité avec la responsabilité de chacun et la sécurité avec la liberté. S'il n'en est pas ainsi, il ne devrait pas s'étonner de voir parfois ses propos s'estomper et se perdre dans les brumes de la nuit. Ainsi « leurs mots passent alors tel un vent léger soufflant sur une herbe souple qui se couche à peine pour aussitôt se dresser comme si rien n'avait été, comme si rien n'avait existé », disait Confucius. Trop souvent, devant les manifestations d'inquiétude ou de mécontentement, les dirigeants accusent leurs collaborateurs soit d'incompréhension soit de mauvaises pensées puisqu'ils n'ont pas compris la leur. Lorsque la motivation essentielle des actes est la recherche d'un plaisir personnel alors que l'on prétend s'occuper des autres pour leur plus grand bonheur, *tout en ne leur ayant jamais ou mal demandé leur avis,* tellement on est assuré de détenir la vérité, alors se creuse le fossé de l'incompréhension. Il n'a d'égal que celui des certitudes forgées dans l'ignorance de ce que pensent les autres. Les discours dès lors sont vains, et l'on peut toujours chercher les mots, ils ne sont jamais que le support éphémère de la pensée ; or, celle-ci ne vaut que si elle est créative. On ne parle bien que si l'on a quelque chose à dire, fondé sur une grande connaissance de ce dont on parle.

Dans l'économie sociale, et elle y est préparée par l'éthique qui la sous-tend, les entrepreneurs, les salariés, leurs représentants, syndicalistes ou non, *doivent raisonner sur l'utilisation du temps et de l'espace, à la fois économique et social, en termes non plus de pouvoir et de lutte, mais de recherche commune, afin de renforcer la solidité de l'entreprise,* dès lors que l'on considère celle-ci comme une exigence, pour ceux qui y travaillent comme pour la société. L'entreprise, dans l'économie sociale, est donc une communauté de gens responsables et solidaires, qui se sont librement regroupés autour d'un certain nombre de valeurs (sens des autres et partage, dynamisme et imagination, recherche d'un épanouissement commun...) qu'ils font fructifier en vivant ensemble dans un mutuel respect. Un humanisme volontariste allie les valeurs de performance et d'efficacité, garantissant ainsi une nouvelle manière d'être, où le respect de l'individualité et la satisfaction des besoins de la personne se concilient avec l'utilité sociale.

Il y a souvent loin, dit-on, de la coupe aux lèvres, des principes aux réalités. Eh bien, malgré les Cassandre de tout poil et de tout acabit, c'est bien cela que nous mettons en pratique, je crois avec succès, à la GMF.

L'entreprise participative et citoyenne.

La première exigence d'une entreprise est d'avoir à sa tête une équipe soudée, compétente, fidèle. C'est pourquoi le recrutement des cadres supérieurs exige un soin tout particulier. Mes vingt-cinq collaborateurs les plus proches sont recrutés par connaissance, bien sûr, mais aussi par l'intermédiaire de spécialistes. Pour ne pas se tromper, il convient de définir très précisément le poste de travail. Je confie ensuite le choix à deux personnes : une femme, qui dirige un cabinet de « chasseurs de têtes », et un chargé de mission, ancien contrôleur général de la DST (devenu depuis le président de la Société des graphologues français), qui examine l'écriture de chaque candidat. La règle que j'applique à cet égard est simple : j'embauche celui ou celle sur qui les deux avis concordent, et seulement ceux-là. La majorité d'entre eux viennent des grandes écoles, et ont pour la plupart une double formation, française ou américaine, voire anglaise dans certains cas, ainsi qu'une expérience professionnelle dans des postes divers, en France et à l'étranger. Berkeley, Harvard, la Sorbonne, Sciences-Po, Sciences-Éco, mais aussi sociologie, HEC ou Normale Sup, tels sont mes champs de recrutement. Ils peuvent à l'occasion s'étendre au-delà, puisque je viens d'engager un jeune garçon de 24 ans, doté d'un DESS de droit, mais surtout formidablement doué aux échecs et gratifié par la nature d'une exceptionnelle mécanique intellectuelle. Je suis désormais surtout orienté vers des personnes ayant l'habitude des analyses systémiques, capables par conséquent d'aborder un problème, de le décomposer dans tous ses éléments, de faire des comparaisons avec l'environnement et de rassembler l'ensemble des données avec la plus grande rapidité qui soit. Dans notre monde, le temps mis à décider est aussi important que le contenu de la décision elle-même.

Pourquoi porter une telle attention, presque maniaque, à ces vingt-cinq cadres supérieurs qui m'entourent ? La raison en est simple : pour fonctionner correctement, l'entreprise participative suppose à la fois la plus grande décentralisation, qu'impose le recours à la démocratie directe, et d'exceptionnelles qualités de synthèse pour tirer de la multitude des opinions émises, des suggestions faites, des évolutions souhaitées, les décisions qui s'imposent pour concilier rentabilité économique et efficacité sociale. Pour cela, il faut un haut niveau intellectuel, mais aussi beaucoup de bon sens, de sens pratique.

Cette exigence satisfaite doit être mise au service d'un second impératif : la mobilisation du personnel, autour d'une conception de la communauté humaine que constitue l'entreprise. C'est un thème à la mode, aujourd'hui, que celui de la « valorisation des ressources humaines », de la « culture d'entreprise » ou du « projet d'entreprise ». Il a donné lieu à de nombreuses réflexions, à de multiples ouvrages, souvent inspirés des expériences américaines et japonaises, à diverses réalisations que sont les « cercles de qualité », « cercles de progrès » et autres « groupes d'expériences ». Pour notre part, à la GMF, nous allons plus loin que cela, pour faire de la participation une règle de vie et de fonctionnement permanente au sein de l'entreprise. Comment mobiliser le personnel, sinon en lui faisant connaître et partager les objectifs de l'entreprise, en renvoyant au magasin des accessoires le vieux terme de « direction participative par objectif » pour lui substituer celui de « système solidaire » ? Il s'agit de sélectionner des objectifs localisés et individualisés permettant la délégation, l'action, l'initiative, la responsabilité, l'efficacité, et de réaliser, autour de ces objectifs, un consensus dans l'entreprise. C'est ainsi que, chaque année, nous déterminons collectivement ces objectifs par un processus que nous appelons « la radio ». Il suppose en effet la transparence, à tous les niveaux. Il s'agit de prendre le pouls de chaque bureau, d'examiner l'encadrement, de passer le service aux « rayons X », comme un médecin ferait une radio. On peut ainsi savoir si la cellule que forme un bureau se porte bien, informer celles et ceux qui la composent de leurs bons ou de leurs mauvais résultats, recueillir leurs avis et leurs suggestions et améliorer ainsi le fonctionnement de l'ensemble. Tout notre système est fondé sur le refus des « petits chefs ». Qu'est-ce qu'un « petit chef », sinon quelqu'un qui garde pour lui l'information, refuse de la transmettre, croyant par là asseoir son pouvoir ? Une telle attitude paralyse, handicape l'entreprise moderne qui fonctionne d'autant mieux que l'information circule, que la communication se fait bien entre les bureaux, les services, la direction. Une entreprise est un organisme vivant. Or, la vie ne peut se mettre en équation. Bien sûr, il faut des ratios pour conduire la gestion et obtenir les résultats souhaités, mais il est tout aussi important que ceux qui travaillent aient le sentiment de leur utilité, que leur compétence soit reconnue, qu'ils soient fidèles à leur entreprise et à ceux qui la dirigent. Pour cela, il convient d'être attentif aux relations qui s'instaurent entre les dirigeants et les salariés. Nous sommes particulièrement attentifs aux personnes avec lesquelles nous travaillons : les écouter, comprendre leurs problèmes, voir si l'on peut les résoudre avec les moyens que l'on a, voilà qui est essentiel dans la gestion moderne des entreprises.

Je me souviens avoir reçu dans mon bureau des juristes. Ils étaient venus me parler des lois Auroux en me disant : « Vous savez, il y a moyen de les tourner ! » Je leur ai répondu : « Les lois Auroux ne me gênent pas. Depuis longtemps déjà elles sont appliquées chez nous. » Il y a six ans, en effet, c'était en 1981, nous avons réalisé dans l'entreprise une très vaste consultation, auprès de l'ensemble du personnel. La question portait sur les produits : « Qu'est-ce qu'il faudrait faire pour rajeunir nos produits ? » Le résultat a été extraordinaire. Les idées ont jailli de toutes parts. Nous avions déposé des boîtes à idées dans les bureaux. Elles se sont remplies. Depuis lors, nous n'avons cessé de procéder ainsi, d'écouter ce que nos employés avaient à dire, soit par des consultations directes, soit par l'intermédiaire des organisations syndicales. A cet égard, les réunions du comité d'entreprise, les rencontres avec les délégués syndicaux me sont très utiles. Tout ce qui vient ainsi de la base est enregistré et utilisé au service de l'efficacité de l'entreprise. Chaque année, de grandes réunions, au niveau des régions, avec le personnel, me permettent de vérifier que le consensus existe entre les salariés et la direction. C'est à un ajustement permanent que nous nous livrons ainsi.

Un exemple permettra, mieux que de longs discours, d'en saisir l'esprit : nous sommes des commerçants, et nous avions donc axé le recrutement et la formation de notre personnel sur la vente, l'apprentissage du métier de vendeur. Or, grâce à des échanges divers et nombreux avec le personnel, nous nous sommes aperçus que les bureaux souffraient de deux handicaps : le premier résultait de la lourdeur des tâches administratives et techniques ; le second de la difficulté de beaucoup de nos employés à s'exprimer efficacement, vis-à-vis du sociétaire, ou du client potentiel. Nous avons donc décidé de revoir entièrement notre système de gestion, de profiter des nouvelles technologies pour dégager le personnel des bureaux du maximum de contraintes administratives et de lancer une action de formation du personnel en privilégiant l'apprentissage du dialogue plutôt que la formation commerciale. Plus disponibles vis-à-vis du client, nos employés ont aussi amélioré la qualité de leur contact avec lui. Ils ont appris à ne pas dire n'importe quoi dans n'importe quelles conditions, à connaître mieux le sens des mots, à les employer à meilleur escient. Ce faisant, nous avons amélioré l'efficacité économique de l'entreprise, le degré de satisfaction de nos salariés, la qualité du service rendu à nos clients. Le triangle, rentabilité de l'outil, paix sociale, satisfaction du consommateur, est bien le triangle d'or de la GMF. Il est sans doute pour beaucoup dans l'image de cette entreprise. Si notre réussite a un secret, c'est bien celui-là.

Bien sûr, on ne l'obtient pas sans peine ; il faut savoir payer de sa personne. Avec l'encadrement, nous sommes parvenus au stade de la démocratie directe. J'essaie de l'associer le plus possible à la réflexion conduisant à la décision. Ainsi, région par région, je réunis les cadres pour une journée de *brain-storming* sur leur propre comportement, sur le fait de savoir si les objectifs de l'entreprise peuvent être atteints, compte tenu des structures, des procédures, des produits, de la circulation de l'information, etc. De même, avons-nous aménagé, non sans mal d'ailleurs, de nouveaux horaires de travail pour nos salariés, flexibles mais aussi adaptés aux besoins de nos sociétaires, afin de répondre aux aspirations des uns et des autres, légitimes dans les deux cas, mais difficilement conciliables. Toujours pour ce faire, nous utilisons les technologies les plus avancées en raisonnant autrement qu'on ne le faisait jusqu'ici, en substituant à nos vieilles habitudes de pensée de nouvelles façons de concevoir l'utilisation du temps et de l'espace. Voilà ce que je m'efforce de mettre en pratique, en tant que président-directeur général de la Garantie mutuelle des fonctionnaires, en m'adressant directement au personnel, quelle que soit sa position dans la hiérarchie, afin de le sensibiliser et de susciter sa réflexion. Partout fonctionnent des commissions chargées de faire des propositions sur l'organisation des bureaux, les procédures, les produits. J'y porte une attention très vigilante, en essayant aussi de poser, auprès des cadres, le problème essentiel du commandement. Je l'aborde en général dans l'esprit de cette déclaration que je fis récemment devant le personnel d'encadrement des bureaux de la région parisienne : « Vous êtes des responsables, vous avez votre charge, votre devoir à assumer envers vos collaborateurs, vous devez les regarder vivre. Si vous vous apercevez que l'un ou l'autre est indifférent ou agressif, allez à lui, parlez avec lui, essayez de comprendre pourquoi, allez chercher les causes profondes qui expliquent son état. Peut-être découvrirez-vous que vous avez votre part de responsabilité. Vous ferez effort sur vous-même et avec lui vous trouverez la solution qui convient pour qu'il se réinsère pleinement dans la communauté de votre équipe. C'est la condition pour que notre société fonctionne dans la liberté et la solidarité bien comprises. Il vous incombe, où que vous soyez, de faire votre révolution personnelle. »

C'est ainsi, donc, que je conçois cette communauté humaine que constitue l'entreprise. La mise en œuvre d'une telle politique, fondée sur la considération et le respect mutuels, sur toujours plus de démocratie directe, n'aurait pas atteint son but si elle bornait ses frontières à l'entreprise. Notre but, en effet, c'est aussi d'étendre à nos relations avec l'extérieur (consommateurs, partenaires économiques) cette pratique du partenariat. A l'« entreprise participative » au-dedans correspond l'« entreprise citoyenne » au-dehors.

Il est de fait qu'aujourd'hui l'entreprise ne peut se satisfaire de sa seule et simple rentabilité économique. Elle ne saurait faire, en effet, sous peine d'y risquer son existence, l'économie d'un détour, celui des devoirs et des droits qu'elle a contractés vis-à-vis de son environnement. Cela commence par l'établissement d'une relation particulière, spécifique, avec nos adhérents, directement inspirée de l'éthique mutualiste. Depuis sa naissance, la GMF fonctionne selon le principe « un homme, une voix » : tout sociétaire qui le désire peut participer à l'assemblée générale et influer ainsi sur la destinée de la mutuelle. Outre ce point de contact, statutaire, entre les sociétaires et l'entreprise, il existe aussi une Association nationale des sociétaires de la GMF. Elle a des comités départementaux dont les membres sont représentatifs, puisque la plupart sont issus de mutuelles de la fonction publique. Il existe un autre lieu encore où le contact se fait : la Fédération nationale des fonctionnaires et agents de l'État. D'autres mutuelles de la fonction publique, civiles ou militaires, dont la vocation est d'assurer les services de prestations sociales complémentaires de la Sécurité sociale, sont venues nous rejoindre. Nous organisons aussi des rencontres entre le personnel d'encadrement et les représentants des sociétaires, pour trouver des idées susceptibles d'améliorer les services rendus.

Outre cela, nous avons un système d'observation de ce que souhaitent nos clients. Il nous permet de répondre au plus près à leurs besoins et à leurs aspirations. Qui sont nos clients, que souhaitent-ils, qu'attendent-ils de nous, où veulent-ils aller ? Des études de comportement permettent de le savoir ; j'ai autour de moi des spécialistes : ils ont mis sur pied un système d'enquête grâce auquel nous appréhendons ce que désirent nos consommateurs.

L'acte de vente une fois réalisé, nous associons nos clients à la vie de l'entreprise en encourageant la constitution de groupes d'expression : ceux-ci leur donnent la possibilité de devenir véritablement des adhérents, au sens plein du terme, en exprimant leur opinion sur la vie de la société à laquelle ils appartiennent.

On s'étonnera moins, dès lors, de la décision que nous avons arrêtée, en 1985, de prendre le contrôle de la FNAC. Dès sa création, celle-ci avait en effet proposé à ses clients, à ses adhérents, un type nouveau de liens, dont plus de trente ans d'existence n'avaient épuisé ni l'originalité ni la modernité. Outre ce souci de diversification qu'était le nôtre, c'est la compatibilité des méthodes de gestion de la clientèle qui nous a séduit : créer, avec le client-sociétaire, des liens toujours plus étroits, plus complices, plus gratifiants, pour l'entreprise comme pour les consommateurs. Clubs, groupes d'expression permettent d'entretenir un dialogue permanent. Le Minitel en est chaque jour davantage l'intermédiaire, mettant ainsi l'interactivité que permettent les technologies modernes au service de la démocratie directe, de la démocratie participative.

L' « entreprise citoyenne », tel est désormais le sigle revendiqué par l'ensemble du groupe GMF. Notre groupe est conscient de ses responsabilités dans la cité, vis-à-vis d'un environnement dont il dépend, qui le conditionne, dont il est solidaire. Notre action ne se limite pas aux clients ; elle s'étend aussi à d'autres partenaires. Ainsi, comme assureurs d'automobiles, nous souhaitons, pour les sociétaires comme pour nous, renforcer la sécurité et réduire au minimum les accidents. Pour cela, notre groupe a étendu ses activités à la réparation automobile, afin d'offrir un service fiable et limiter ainsi les défaillances mécaniques qui sont pour beaucoup dans les accidents de la route. Mais, nous sommes conscients de ce qu'une telle logique de groupe risque de priver nombre de petits réparateurs d'une clientèle importante sans laquelle ils n'auraient plus qu'à fermer boutique. Or, nous ne cherchons pas à asphyxier le petit commerce, à voir se fermer tous ces garages qui contribuent à l'emploi comme à la vie de nos communes, notamment en milieu rural. Alors, nous avons décidé de mettre sur pied le « réseau étoile ». Un guide, véritable *Gault et Millau* de la réparation automobile, attribue aux réparateurs des étoiles, de 1 à 4, en fonction de la qualité du personnel, de l'organisation du garage, de l'équipement, etc. Il nous est alors apparu utile d'insérer dans ce guide, et donc d'intégrer au réseau, de petits réparateurs, qui n'ont pas les moyens d'accéder aux techniques modernes de gestion et d'entretien des véhicules. Moyennant un abonnement et l'acceptation d'un contrôle bi-annuel qui nous garantit, ainsi qu'à nos sociétaires, la fiabilité de la réparation, nous leur donnons ce qu'il faut pour rendre un service de qualité et gérer convenablement leur affaire. De même, puisque nous sommes, en tant que compagnie d'assurance, un investisseur institutionnel, nous intervenons dans les secteurs les plus divers de l'économie. Ainsi, récemment, avons-nous créé un « fonds commun de placement » dont la finalité est d'aider les PME à se placer sur le marché secondaire de la Bourse.

Ce qui nous guide, notre stratégie de groupe, c'est donc l' « utilité sociale » de notre action, qui se résume dans ce terme d' « entreprise citoyenne ». Tel est l'esprit qui m'anime, depuis que je suis à la tête du groupe GMF; il est, je le crois et je m'y emploie, partagé par notre personnel comme par nos sociétaires. Aussi, suis-je étonné de voir combien de poncifs, de préjugés, de pseudo-vérités encombrent encore notre horizon mental lorsqu'il s'agit de l'entreprise. Je sais quels sont les handicaps à ce sujet, hérités de notre Histoire, ce vieux fonds judéo-chrétien dont nous sommes si profondément imprégnés et qui a façonné nos mentalités. Certes, Jésus a chassé les marchands du temple, mais il condamnait alors la confusion des genres, l'exploitation des pauvres par les usuriers, bien plus que l'acte de commerce et les principes qui le fondent. Puisque l'heure est à la réhabilitation de l'entreprise — et c'est justice —, disons les choses clairement, telles qu'elles sont.

Il n'est plus possible, en 1987, de considérer avec dédain l'acte de commerce, au pis comme une maladie honteuse, au mieux comme un mal nécessaire. Il n'est à mon sens rien de plus noble que le commerce, échange de biens et de services entre deux ou plusieurs partenaires qui contribuent ainsi, par ce mode original de communication, à créer de la richesse, donc des emplois et un peu plus de bien-être pour tous ceux qui sont engagés dans ce processus d'achat et de vente. Cette attitude et cette aspiration impliquent alors, bien sûr, une éthique de la vente, une certaine attitude vis-à-vis du consommateur, qui n'est pas — ou n'est plus — un « gogo » à qui l'on peut faire acheter tout et n'importe quoi, sans se soucier de ce que l'on vend, de la qualité du produit, du service après-vente. Une telle conception a fait beaucoup de tort à nos entreprises : elle explique en partie le succès des concurrents étrangers, sur notre sol, et nos difficultés d'implantation sur les marchés extérieurs. J'ai la conviction qu'aujourd'hui — et c'est d'ailleurs une nécessité — beaucoup de chefs d'entreprise, comme moi, ont une autre approche du problème.

A la GMF, notre éthique commerciale s'exprime par une attitude particulière à l'égard du consommateur qui s'exprime par la considération que nous lui portons, aussi bien avant qu'après l'acte de vente. C'est pourquoi nous utilisons les méthodes modernes d'analyse des styles de vie et des comportements afin de connaître les souhaits de nos clients, de ne pas chercher à leur imposer des produits dont ils ne veulent pas, et de leur proposer ce qui correspond à leurs besoins. Le marché est le guide nécessaire à l'entreprise. Encore faut-il se donner les moyens de le bien connaître. C'est ce que nous faisons. La vente réalisée, notre souci est d'associer le plus possible le consommateur à la vie de l'entreprise, par les moyens que j'ai évoqués et mis en place. Par ces méthodes de participation, il devient un adhérent, au sens plein du terme, apte à tout moment à exprimer son opinion sur la vie d'une société dont la finalité, l'utilité sociale est de satisfaire ses désirs, au meilleur prix, avec les meilleurs produits. C'est cela, aujourd'hui, l'acte de commerce et, conçu de la sorte, n'est-il pas un élément de civilisation reliant, pour le bien commun, des hommes entre eux ?

C'est alors que la publicité prend tout son sens. On l'a souvent condamnée, et combien de Guillotin ont-ils instruit son procès pour l'envoyer immanquablement à l'échafaud, périr sous le couperet de tel ou tel principe, idéologie ou morale ? Bien des censeurs se pressent encore au portillon pour débiter avec emphase leurs couplets vengeurs contre ce mal du siècle : abêtissement, viol des consciences, appel aux instincts les plus élémentaires de l'individu, tels sont les maux les plus courants dont elle est accusée. Je m'étonne qu'à une époque où la communication, grâce aux moyens techniques les plus évolués, acquiert dans nos sociétés une telle importance l'on puisse encore vivre sur de semblables clichés. Que de chemin nous reste-t-il encore à parcourir pour épouser notre temps et ne plus entrer dans le futur à reculons comme nous le faisons encore si souvent. La publicité est un fait. Il peut, j'en conviens, en résulter le meilleur ou le pire, mais tout est dans la manière d'en user, dans l'éthique choisie pour promouvoir ses produits et s'adresser au consommateur. Informer, faire comprendre, entraîner l'adhésion, telle est ma conception de la publicité : celle que je mets en pratique pour le groupe GMF. Elle est le corollaire nécessaire de l'acte de vente, un moyen privilégié de communication avec le consommateur.

Nous venons de lancer, pour le groupe GMF, une campagne publicitaire destinée à illustrer et promouvoir l'« entreprise citoyenne ». En dynamisant la politique de diversification que j'ai inaugurée voici dix ans, la GMF est devenue, en 1986, le groupe GMF. Il nous fallait le faire savoir, dire à nos sociétaires, adhérents et clients, à ceux qui pourraient le devenir, ce que nous sommes : un groupe qui offre une vaste gamme de produits et de services répondant aux besoins de la vie quotidienne en s'inspirant des valeurs auxquelles il est attaché depuis ses origines : responsabilité, solidarité, sécurité, liberté. Pourquoi ne dirions-nous pas que le groupe applique à chacune des sociétés qui le composent ces valeurs sur lesquelles il s'est bâti :

— l'assurance, c'est « oui à la puissance, oui au partage » ; c'est vouloir être fort pour mieux partager, développer sans cesse de nouveaux produits, au profit des sociétaires, des adhérents, de la collectivité nationale, mettre au service de tous notre puissance et notre vitalité ;

— la réparation automobile, c'est « oui à la technologie, oui à la confiance » ; c'est mettre à la disposition du plus grand nombre un outil technique dont la fiabilité permet de réduire au minimum les accidents dus aux défaillances mécaniques et assurer ainsi une meilleure sécurité ;

— l'agro-alimentaire, c'est « oui à la tradition, oui à l'imagination » ; c'est bâtir dans la sécurité un patrimoine important et prestigieux, notamment dans le domaine viticole, pour assurer, sur des bases plus larges, l'assise du groupe tout en rendant de nouveaux services à nos clients ;

— la communication et la grande distribution, c'est « oui, à la rigueur, oui à la liberté » ; c'est promouvoir et développer une organisation rigoureuse, afin de proposer au plus grand nombre l'accès le plus facile et le plus large à la culture, aux loisirs et au confort.

Se faire ainsi mieux connaître de tous, est-ce un péché ? Proposer le partage, la technologie, la confiance, l'imagination, la rigueur, est-ce violer les consciences ? Vanter la responsabilité, la solidarité, la liberté, la sécurité, est-ce abêtissant pour les individus ? Donner à nos produits la caution de notre puissance, est-ce scandaleux ? Non, bien sûr, car ce sont sur ces valeurs que se rassemblent les citoyens des démocraties modernes. Parce qu'il est mutualiste, le groupe GMF revendique plus que tout autre cette notion de citoyenneté, de participation active à la vie de la cité et du pays. Si nous célébrons notre puissance, c'est qu'elle n'a d'autre but que le bien-être et l'épanouissement des hommes et des femmes de ce pays. C'est en cela qu'elle est une « entreprise citoyenne », consciente de ses devoirs envers la communauté et décidée à mettre sa puissance au service de tous. Alors oui, nous faisons du commerce, et nous en sommes fiers ; alors oui, nous faisons de la publicité, et nous en sommes fiers ; alors oui, nous faisons... du profit, et nous en sommes fiers ! »

Voilà, le maître mot est lâché, le profit, l'un des mots les plus vilipendés, les plus honnis de notre vieille et belle langue, l'horreur des horreurs, l'oscar de toutes les abominations, incarnation de l'exploitation de l'homme par l'homme, le symbole du capitalisme dans ce qu'il a de plus abject. Pensez donc, on entreprend pour gagner de l'argent : « Cachez ce sein que je ne saurais voir. » Qu'y a-t-il de plus condamnable que de gagner de l'argent et, pis encore, de le vouloir, de le considérer comme la finalité de ce que l'on fait ? Comme toujours, à l'origine de ces mauvais procès — et c'est un sport que nous pratiquons avec succès —, il y a une confusion entre le résultat — on travaille pour obtenir un profit —, et l'usage qui en est fait, lequel est lié à la finalité de l'entreprise.

Essayons d'y voir clair, le sujet en vaut la peine. Je suis, en effet, un adepte du profit, je ne m'en cache pas, je revendique même ce défaut, puisqu'il paraît que c'en est un. Je gagne de l'argent, la GMF gagne de l'argent, fait du profit. A quoi sert-il, ce profit tant décrié ? D'abord à nourrir nos clients. Nous devons être compétitifs, offrir les prix les moins élevés possibles, le meilleur rapport qualité-prix. Pour cela, il nous faut consacrer de l'argent à perfectionner, développer, améliorer nos outils d'observation du marché. Où trouver cet argent, sinon en puisant dans nos bénéfices ? L'investissement, sous toutes ses formes, est l'un des fruits du profit.

Il sert aussi à nourrir nos salariés par une politique sociale, une politique d'intéressement hardie, qui nous conduit à distribuer plus à ceux qui travaillent dans notre groupe. Faire plus, sur le plan social, consacrer par exemple 4,59 % de la masse salariale à la formation, rencontrer ainsi la fonction humaniste de l'entreprise, son utilité sociale, rien de tout cela ne serait possible sans le profit, sans les profits que nous réalisons.

Enfin, à nourrir l'entreprise, car un groupe qui n'est pas rentable meurt, ferme ses portes, licencie ses employés. Le profit, c'est la vie de l'entreprise, l'oxygène sans lequel elle ne peut conserver son outil de travail, le développer, le perfectionner pour l'adapter à la concurrence. Sans lui, on se tourne vers l'État, mais la perfusion que représente son aide n'a souvent d'autre effet que de prolonger une agonie dont l'issue reste fatale.

En tant que directeur général de la BCCM, il m'est hélas souvent donné de voir mourir des entreprises. Elles meurent lorsque leurs dirigeants ont oublié de nourrir l'un de ces trois éléments et, à la GMF, je veille avec vigilance à ce que chacun d'entre eux bénéficie de ce dont il a besoin ; cela n'est possible que grâce au profit. Mieux encore, plus il y a de profit et plus il est facile d'agir ainsi. Voilà ce qu'est pour moi ce mot tabou, honni, vilipendé : un moyen de satisfaire à la finalité sociale de l'entreprise, au-dedans — salariés — comme au-dehors — clients. J'en suis convaincu, il n'y a pas d' « entreprise citoyenne » sans profit, et il est temps d'en finir avec l'utilisation tendancieuse et abusive que l'on fait encore trop souvent de ce mot.

Voilà donc ce qu'est la GMF, une entreprise qui se veut d'abord au service de l'homme, en conformité avec l'article 7 de la *Charte de l'économie sociale*. Mais cela ne signifie pas absence de rentabilité, bien au contraire, car nous conjuguons cet humanisme d'entreprise avec l'exigence d'innovation, de créativité. La vie est mouvement, et la GMF est un organisme vivant auquel s'applique parfaitement ce concept de Balandier, que je fais mien, celui de la « société à trous », c'est-à-dire une société qui ne manque pas d'oxygène. Chez nous, l'oxygène, c'est la discussion interne, la participation, la définition en commun des objectifs, la conviction partagée que la fonction humaniste de l'entreprise passe par une attention de tous les instants portée au climat social et à l'épanouissement de nos salariés.

Évidemment, nous jouissons à cet égard, dans l'économie sociale, d'une situation particulière. Il est vrai que, dans une entreprise privée « ordinaire », le patron doit tenir compte des actionnaires, de leur volonté de toucher des dividendes ou d'améliorer la rentabilité économique pour renforcer la solidité financière de l'entreprise. Mais je suis convaincu que des actionnaires peuvent comprendre cette nécessité qu'est à mes yeux l'utilité sociale de l'entreprise, accepter un peu moins de rentabilité économique pour avoir un peu plus d'efficacité sociale. Plus que de structure juridique, c'est de révolution mentale qu'il s'agit, de la part des chefs d'entreprise, pour donner à l'entreprise sa place dans la société.

Il m'arrive de lire ici ou là, sous la plume de journalistes avertis, que, à la GMF, Michel Baroin est « assis sur un tas d'or ». Il est vrai que, depuis 1973, beaucoup de chemin a été parcouru. La GMF a doublé le nombre de ses adhérents (2,5 millions de sociétaires), son chiffre d'affaires (4,3 milliards de francs) ; le groupe pèse 28 milliards de francs avec

52 sociétés allant de l'assurance à la FNAC en passant par les garages et les médias. Cette réussite, car c'en est une et nous en sommes fiers, ne s'est pas faite en un jour et elle n'a rien de miraculeux. Si je la considère comme exemplaire, c'est davantage par la philosophie qu'elle exprime que par les résultats obtenus. Chaque entreprise est un être vivant, elle a sa personnalité, son cœur qui bat au rythme entremêlé du cœur des femmes et des hommes qui y travaillent.

La mutation technologique que nous vivons conduit inéluctablement à transformer nos façons de raisonner, à changer nos habitudes. Pourquoi l'entreprise échapperait-elle à cette nécessité, pourquoi ce que nous faisons à la GMF — à savoir associer à la réflexion employés, agents de maîtrise, cadres, dirigeants, syndicalistes — ne serait pas une des clés de la réussite, de la mobilisation de tous vers le but commun ? C'est cela aussi l'esprit d'entreprise aujourd'hui, c'est comprendre que l'on peut mettre à la disposition de salariés des terminaux d'ordinateurs permettant à celle ou celui qui le désire de travailler à domicile, à tel ou tel salarié qui le souhaite de travailler trois heures par jour ou quatre jours par semaine ; c'est « faire avec tout cela », selon l'axiome populaire, ne pas entrer dans le futur à reculons, mais, au contraire, épouser son temps avec dynamisme et volonté d'innover, y compris dans les relations sociales. Dans cette mutation, qui bouleverse notre environnement, nul n'est spectateur, le chef d'entreprise moins que quiconque. Tout le monde est acteur, le chef d'entreprise plus que quiconque. Il doit se maintenir dans l'actualité, y affirmer sa présence, sa force et mettre son entreprise au centre de ces évolutions, l'ouvrir, l'engager dans son environnement, car cette démarche est, plus encore que la condition de sa survie, la clé de sa réussite. L'entrepreneur pas plus que l'entreprise ne sont innocents, la politique de l'autruche n'est plus de mise, Ponce Pilate n'est pas l'un de nos contemporains. Il doit respecter les engagements pris à l'égard du monde qui l'entoure, dont il dépend mais qu'il influence aussi. Pour cela, il faut se mettre à l'ouvrage, travailler sans relâche, payer de sa personne, et c'est ce que je fais. Rien de tout cela n'est pour moi un sacrifice. C'est un choix qui me rend heureux, ma façon d'être libre et responsable, d'être de mon siècle et d'y apporter, à ma manière, selon mes convictions, ma contribution d' « entrepreneur citoyen ».

A l'écoute du monde.

A « entreprise citoyenne », « entrepreneur citoyen » : ma volonté, à cet égard, est d'être profondément enraciné dans le monde contemporain et d'y vivre, avec d'autres, des aventures collectives. Le patron, je l'ai dit, ne peut se désintéresser du monde qui l'entoure. Pour son entreprise bien sûr, mais aussi pour lui-même. Il ne doit pas se replier sur son pré-carré, ne cultiver que son jardin, l'œil rivé sur les tableaux de bord de son entreprise. Il doit au contraire, comme un citoyen qu'il est, participer à la vie de la cité. Je le fais, en tant qu'élu local, mais j'ai voulu aller plus loin et m'engager plus avant dans la réflexion et l'action, avec les autres, pour les autres, afin de chercher des solutions concrètes aux questions de notre temps. C'est dans cet esprit que j'ai créé, en 1983, une association, la « Fondation de l'homme citoyen », dont la vocation est de regrouper et de fédérer des collèges répartis sur l'ensemble du territoire national.

Le collège FHC est un lieu de rencontre où se retrouvent, à l'échelon local, des hommes et des femmes animés par le même souci de s'intéresser activement à la vie de la cité et de rechercher, sans exclusives partisane, confessionnelle ou philosophique, les voies du mieux-être social. Aucune autre référence n'est demandée que l'attachement au respect de la personne et aux valeurs fondamentales de la démocratie. Pour justifier sa vocation et fonder son enracinement, le collège, dans son recrutement, s'efforce de refléter la diversité sociale du milieu où il est implanté. Mais le collège est aussi *un lieu de réflexion et de dialogue*. Les problèmes dont il est saisi, à l'initiative de ses membres ou sur proposition des instances de l'association, sont débattus dans un esprit de libre examen et de discussion indépendante. Il ne s'agit pas de subir un enseignement mais, pour chacun des participants, d'apporter à la communauté sa contribution, son contingent de faits, de critiques et le résultat de son expérience personnelle.

Dans mon esprit, il s'agit d'une *école de formation civique* qui vise à étendre les pratiques de la *démocratie participative*. La réflexion en commun, en permettant de mieux analyser l'environnement social et les enjeux d'une société en mutation accélérée, accroît le capital des connaissances de chacun des membres, élargit le champ de son regard, le sensibilise au point de vue de l'« autre » et par là même, renforce sa capacité d'action et de rayonnement.

Dans le même temps, chaque membre prend une conscience plus aiguë de la part de responsabilité personnelle qui lui incombe dans la marche des affaires publiques et de l'intérêt qu'il y a à développer toutes les formes de participation collective à la vie démocratique. C'est avec pertinence que, dans une approche plus pragmatique, on a pu définir le collège FHC comme une « association de consommateurs de la démocratie ». Vivant dans un régime démocratique, les citoyens ont leur mot à dire sur la qualité du produit qui leur est offert. La logique comme leur intérêt les incitent à provoquer toutes les occasions d'une participation effective à la gestion des intérêts communs, sans pour autant remettre en question le rôle des autorités institutionnelles qu'il s'agit seulement d'éclairer, d'informer, de stimuler et, le cas échéant, d'alerter ou d'interpeller lorsque les exigences du bien commun paraissent méconnues ou insuffisamment prises en compte.

Par ses travaux et les initiatives qui en découlent, le collège constitue enfin une *force de proposition*.

Si la réflexion doit conduire à l'action, et spécialement à sa plus haute forme, l'action sur les esprits, le collège n'entend pas pour autant négliger les préoccupations du présent et renoncer à agir dans le domaine du concret et de l'immédiat. Quand les sujets s'y prêtent, il propose des solutions, formule des suggestions, définit des projets. Les conditions dans lesquelles sont élaborées ces propositions, indépendamment de toutes contraintes partisanes, garantissent leur crédibilité et leur force d'attraction. En fonction des circonstances, il appartient ensuite au collège de prendre ou de susciter les initiatives qui en assureront l'aboutissement, qu'elles doivent passer par le canal de l'action personnelle ou associative ou encore qu'elles relèvent de la compétence des autorités publiques.

Ainsi s'organisent des *foyers de convivialité*, rassemblant des hommes et des femmes qui, conscients de leur communauté de destin, ne se résignent pas à la passivité, à l'égoïsme et au repliement sur soi, mais veulent être les artisans de l'avenir de leur cité.

Par ses objectifs comme par ses méthodes, le collège se distingue à la fois de la société de pensée ou de l'école philosophique dont la vocation est l'approfondissement doctrinal et l'accomplissement personnel, et du parti ou de la formation politique que la compétition électorale conduit trop souvent à pratiquer une surenchère et un manichéisme plus dissuasifs que mobilisateurs.

Utopie, rêve, idéalisme ! Je comprends que certains s'interrogent sur le sens de mon action et, pourtant, quatre ans après sa création, la Fondation de l'homme citoyen compte déjà 5 000 adhérents, hommes et femmes de toutes sensibilités politiques, regroupés au sein de plus de 200 collèges locaux et disposant de 180 experts sur les sujets les plus divers. Ce n'est pas à une société imaginaire que je m'adresse, mais à la société française telle qu'elle est, dans ses diversités, ses contradictions, mais aussi l'aspiration à l'union d'un nombre croissant de citoyens qui cherchent à mieux maîtriser leur destin.

Là non plus, je n'ai pas ménagé ma peine pour aller à la rencontre de nos concitoyens, en province, exposer les principes de la fondation, lancer les collèges et présenter à la presse le sens de leur action. J'ai aussi organisé des colloques, sur les thèmes les plus variés : « technologie et société », « la démocratie participative », « quel sport demain ? », « le cerveau et ses implications pédagogiques et sociales », « citoyenneté, démographie et défense », etc.

De ce nouveau tour de France, effectué quelques années après celui que j'avais accompli pour préparer le convent extraordinaire de la franc-maçonnerie, quel enseignement ai-je retiré ?

J'ai d'abord pris conscience de la vitalité de nos provinces, de nos régions, de la volonté d'hommes et de femmes, aussi divers socialement que possible, d'entrer dans nos collèges, conçus comme de véritables laboratoires d'analyse de la vie locale : universitaires, chefs d'entreprise, hommes de culture, travailleurs, employés, bien d'autres encore, se retrouvent ainsi pour réfléchir sur les faits économiques et sociaux de la vie locale. J'ai acquis ainsi la conviction que la citoyenneté renaissait des cendres que l'on avait cru trop vite éteintes : la volonté d'agir, de participer au plus près à la vie de la cité, de rechercher autour de quelles valeurs construire notre avenir et proposer des solutions concrètes aux problèmes de tous les jours, tout cela motive nombre de nos compatriotes dont la volonté d'engagement n'est pas émoussée.

Enfin, j'ai pu mesurer l'importance qu'attachent celles et ceux que je rencontre ainsi, au fil de mes pérégrinations, à la notion de solidarité : l'être humain est inséparable du groupe social auquel il appartient et dans lequel il vit. Être citoyen aujourd'hui, c'est être solidairement citoyen, chercher à se réaliser, en tant qu'individu, en participant à la vie collective, à la vie sociale, en y assumant ses responsabilités pour essayer de mieux vivre ensemble.

Tout cela suppose bien sûr la libre confrontation de toutes les idées, de toutes les croyances, de toutes les aspirations. Mais qu'est donc la démocratie, sinon cela ? En ce sens, les collèges sont bien une école de la démocratie, des sortes d'états généraux de la réflexion libre. Leur finalité est de prouver qu'en France, même si nous ne sommes pas la Suisse, la démocratie participative est possible. Bien sûr, cela exige des efforts, de la vertu, de la rigueur, de la détermination. L'homme citoyen, ceux qui participent à nos travaux savent qu'il est possible d'être démocrate, à condition d'avoir, ancrée au fond de soi, la volonté d'y parvenir. Comme Jacques Bonhomme, ils connaissent le prix de la liberté et savent qu'être démocrate, c'est accepter cet état de tension permanente qui résulte de la recherche constante d'un équilibre entre l'égoïsme et le désintéressement. La démocratie, sur ce point, ne se distingue pas du reste. Pour la conserver, il faut l'aimer, avec constance, dans ce pays où l'individualisme et le repli sur soi sont des tentations permanentes. Tocqueville, en son temps, le constatait déjà : « La France d'hier, d'aujourd'hui et de demain exige, certes de la compréhension, mais à l'exclusion de toute faiblesse, ne serait-ce qu'en raison de la tendance naturelle de notre peuple à l'individualisme, ce sentiment réfléchi et paisible qui dispose chaque citoyen à s'isoler de la masse de ses semblables et à se retirer à l'écart avec sa famille et ses amis, avec qui l'on est bien, de telle sorte qu'après s'être ainsi créé une petite société à son usage il abandonne volontiers la grande société à elle-même. »

L'individualisme vide le citoyen de toute substance en le vidant de civisme ; il tarit chez lui la source des vertus publiques et en fait un sujet. Quand les hommes isolés, sans action les uns sur les autres, ne sont contenus que par le pouvoir, ce dernier venant à manquer, chacun tire à hue et à dia de son côté au lieu de s'unir à ses semblables. Il en va de même lorsque le pouvoir n'exprime plus le désir profond des gens, et lorsque ses détenteurs ne raisonnent qu'en termes de puissance. Aussi, la clairvoyance des uns est-elle indissociable de celle des autres.

Voilà pourquoi j'ai engagé cette entreprise qu'est la Fondation de l'homme citoyen. Elle est inséparable du reste de mon action. Mais l'Hexagone n'est pas tout, et être à l'écoute du monde, c'est aussi étendre ses préoccupations, son action à d'autres pays, à d'autres continents que le nôtre. En ce domaine aussi, j'ai voulu être acteur et non spectateur.

Des organisations diverses, de par le monde, indépendamment des gouvernements ou des circuits internationaux traditionnels, ont tenté et tentent de jeter les bases d'une nouvelle coopération internationale à dimension humaine. Telle est la vocation que s'est donnée l'AMES (Association mondiale pour l'économie solidaire) que je préside. Son objet consiste à mettre en place une structure internationale regroupant toutes les entreprises d'économie solidaire, de forme associative, coopérative, mutualiste, communautaire et participative, principalement dans les pays en voie de développement. Cela conduit l'AMES à soutenir des projets de développement endogènes dans les pays du tiers monde, conduits par des opérateurs autonomes et des actions de développement fondées sur les principes de l'humanisme communautaire. Elle apporte à ces initiatives des moyens d'accompagnement technique et financier, dans le but notamment de les voir essaimer et se multiplier dans les pays concernés. L'AMES porte en outre une attention très particulière à tout ce qui concerne la formation.

J'ai pris cette décision à la fin de l'année 1982, afin d'étendre aux grands enjeux internationaux l'esprit qui anime coopératives, mutuelles et entreprises associatives en Europe et particulièrement en France. C'est avec l'Amérique latine que se sont tissés les liens les plus forts : demeure très forte en effet là-bas une tradition inspirée des idées de la Révolution française et du xixe siècle européen. Moi-même, je me suis toujours intéressé à l'Amérique latine, à ces liens, tant de fois distendus, tant de fois renoués entre ce continent et l'Europe. Rien dans l'évolution de cette partie du monde ne peut nous être indifférent, car c'est un peu de nous qui est là-bas, sur ces immenses terres où se livre, depuis un siècle et demi maintenant, le combat, toujours recommencé, pour la démocratie et le développement. Toute démocratie qui naît ou renaît en Amérique latine est un cadeau pour la vieille Europe des droits de l'homme qui inspira tant Bolivar et les siens, un message d'espoir pour tous ceux qui, dans le monde, espèrent voir se renforcer le camp de la liberté. Et pourtant, malgré les éclaircis récentes, la liberté retrouvée en Argentine, au Brésil, que de drames encore, d'écueils à franchir, entre les dictatures et les terrorismes, la faim et la violence ! Que de sang versé, de vies brisées, de destins assombris, d'enfants privés d'espoir dans ce continent latino-américain où rien ne nous est étranger !

En juillet 1984, j'étais à Lima, avec Véronique et des amis. Nous bavardions, au terme d'une journée bien remplie, à l'heure où la chaleur du jour s'évapore en brume, avant les premières fraîcheurs apaisantes de la nuit. Des bruits sourds couvraient épisodiquement nos propos. Des bombes explosaient. Je savais qu'il ne faisait pas bon circuler dans les rues de Lima, le soir, que le risque était là, présent, à chaque coin de rue, le risque de perdre la vie. Volonté délibérée de tuer, balle perdue, peu importe la raison, mais au bout du chemin, la mort, chaque jour présente sur l'asphalte d'une capitale déchirée. Je me suis alors tourné vers l'un de nos amis, responsable des coopératives du Pérou, qui nous a expliqué : « Il y a de cela quelques années, lors de la réforme agraire, des terres furent réparties entre les *campesinos*, et nos paysans ont reçu dans l'allégresse ce don du ciel. Mais rien n'avait été fait pour les préparer à cette situation et, au bout de quelques années, n'ayant pu ni produire convenablement ni vendre suffisamment, ils furent contraints de quitter ces terres, qui ne leur donnaient plus de quoi vivre. Alors, pour ces familles : destination Lima, la grande ville et ses mirages, l'espoir d'y trouver la paix, le pain, l'emploi et, au bout du compte, quoi ? L'entassement dans les *barriadas*, la multiplication des bidonvilles à la périphérie, mais aussi jusque dans le centre de notre capitale et, là, le glissement progressif vers la misère, le dénuement, le désespoir, la violence. Et puis cette misère, comme si la détresse la plus profonde ne suffisait pas à ces familles désemparées, est une proie facile pour ceux qui cherchent ici et là à déstabiliser nos pays. Alors s'enclenchent les fatalités tragiques, ces cycles de violence dont il devient chaque jour plus difficile de sortir. » Il est vrai que le Pérou, comme tant d'autres pays du tiers monde, en Afrique, en Asie, en Amérique latine, cherche sa voie, aujourd'hui avec Alan Garcia, sur des chemins bien tortueux, où il est difficile de ne pas retomber sans cesse dans les vieilles ornières dont on sait, hélas, vers quels gouffres elles mènent immanquablement.

Je me souvins alors des origines du « Sentier lumineux », groupe terroriste né de la longue dérive de communistes péruviens devenus d'abord maoïstes, puis s'engageant dans l'affrontement armé, le 18 mai 1980, lors d'une première action dans le sud du pays. Depuis, entre violence et misère, un peuple cherche à échapper à la peur, à la mort, à la déstabilisation physique et morale, à l'assassinat d'innocents, qui n'ont commis d'autre crime que de se trouver là au moment où explosent les bombes. En cet été 1984, dans les semaines qui précédaient notre arrivée, 40 « alcades », maires de communes plus ou moins importantes, avaient été assassinés. Le climat était extrêmement tendu, y compris là où la révolte violente de ces minorités armées ne s'était pas encore déclarée. Ainsi en était-il à Cuzco, merveille d'une civilisation inca qui a emporté avec elle, en disparaissant, tant de secrets à jamais enfouis. Cuzco, pureté de l'air, comme à Katmandou, plaisir de respirer, de marcher, de poser ses yeux sur des ensembles architecturaux d'une émouvante beauté et, là, en ce jour de marché, allant et venant au milieu des touristes, des paysans des campagnes alentour, les services de sécurité en état d'alerte, un soldat tous les dix mètres, l'un regardant sur l'extérieur, l'autre les yeux tournés vers la foule des acheteurs. Dans un taxi qui nous menait à l'extrémité de la ville, j'échangeais avec mes amis quelques idées sur les événements. Notre chauffeur, un jeune garçon, arrêta brusquement le véhicule et, se retournant vers nous, dit avec une voix forte : « Pardonnez-moi, je vous ai écoutés.

Je suis d'accord avec vous. Cela ne peut plus durer. Ceux qui nous commandent ont la tête si haut placée maintenant qu'ils ne savent plus ce qui se passe à notre niveau. Ils ne savent plus regarder à leurs pieds. Ils ne nous connaissent pas et nous, qui ne faisons rien d'autre que d'essayer de vivre, on nous tue. Il n'y a donc personne qui va venir nous dire de nous unir ? »

Comment ne pas réagir à de telles questions, posées avec énergie, mais sur un ton où l'on sent poindre la lassitude avec le désespoir, l'envie de s'asseoir au bord du chemin, de crier « pouce », de laisser passer le cortège brinquebalant de la vie et de ses violences aveugles, de renoncer ? Tout s'aggrave en effet avec le temps, demain sera pire qu'aujourd'hui.

Combien de fois me suis-je rappelé ce séjour sur ce continent ami, déchiré, riche de potentialités et cherchant sa voie, une voie qui lui soit propre, entre Charybde et Scylla, entre l'échec du modèle américain de développement et les ambitions soviétiques. Il est impossible de rester insensible à tout cela : c'est pourquoi, à travers l'AMES, avec d'autres Européens, notamment nos amis de la fondation allemande Friedrich-Ebert, nous avons voulu commencer une croisade fraternelle. Sa finalité ? Renforcer les liens entre les coopératives et mutuelles d'Amérique du Sud et celles d'Europe occidentale, afin de chercher, ensemble, comment aider à la relance du secteur coopératif dans l'ensemble de l'Amérique latine.

C'est ainsi que Manfred Bandeleben, de la fondation Friedrich-Ebert, et moi-même, avons lancé l'idée d'une rencontre euro-latino-américaine des mouvements coopératifs, de part et d'autre de l'Atlantique. Nous avons réussi. A Carthagène, en Colombie, dans l'ancienne cité des conquistadores, en juin 1985, s'est tenu ce congrès, dans l'un des palaces de la ville où se côtoient d'ordinaire les milliardaires colombiens. Il y avait là des représentants des mouvements coopératifs de tous les pays d'Amérique latine, à l'exception du Nicaragua, tous, dictatures et démocraties, riches ou pauvres, petits ou grands. C'étaient des universitaires, mais aussi des fermiers, des commerçants, des planteurs de café, des artisans, des industriels, qui se retrouvaient ainsi, autour d'une idée simple : chercher comment le mouvement coopératif pourrait contribuer davantage à sortir l'Amérique latine de la violence et de la misère.

Pendant notre congrès, un attentat dans Carthagène des « guérilleros du Mg » est venu nous rappeler l'urgence, le prix du temps qui passe et qu'il ne faut plus gaspiller, car le vent qui souffle n'apporte que le sang et la mort, jusque dans cette ville coloniale où règne encore comme un parfum d'Andalousie. Comme l'écrivait Liliane Sichler, dans l'*Événement du jeudi,* en rendant compte de nos travaux : « Des hauteurs de Carthagène, des terrasses aux dentelles de bois sculpté qui dominent le port, le continent sud-américain semble un rêve retourné, un rêve du passé. La chaleur fait monter une vapeur verte dans les jardins silencieux du couvent qui domine la baie et l'on pourrait croire qu'ici l'avenir s'évapore en brume contre les ex-voto centenaires qui couvrent les murs. Il suffit pourtant de se pencher un peu pour entendre l'incroyable vacarme des baraques de tôle accrochées au rocher. Mille transistors gueulent à tue-tête, une rumeur cliquetante jette une bouffée bavarde au touriste étourdi, comme le pouls d'un bras mort qui se remettrait à battre brusquement. Impossible alors de détourner la tête : le bruit du bidonville de Carthagène est celui des bidonvilles de Lima, de Mexico ou Caracas. C'est le cri du Péruvien Juan : " Nous, aujourd'hui, qui sommes-nous ? " Juan T... veut rester anonyme. Il craint les représailles des terroristes du Sentier lumineux qui l'ont obligé à quitter le Pérou. C'était il y a cinq ans. Juan avait entrepris de regrouper autour de lui des petits paysans, en coopérative. Il voulait leur montrer un chemin, entre la résignation et la violence. " Tous les terroristes ont raison chez nous. Les Tupamaros et le Sentier lumineux disent qu'il n'y a pas de travail, d'hôpitaux, pas d'agriculture moderne... C'est vrai. L'armée dit qu'il faut respecter l'ordre et la Constitution... Elle a raison aussi. "

A force d'organiser le travail pacifique des paysans les plus démunis, Juan est devenu suspect au Pérou de la violence. Un matin, une lettre arrive à son usine avec une demande de rançon : " Si vous ne payez pas, on fait tout sauter. " Juan ne cède pas. Trois semaines plus tard, au retour de la messe, sa femme et ses enfants trouvent la maison ouverte. Seuls signes d'effraction : les chaussures de sa petite fille sont brûlées et une poupée a disparu. Sur le lit, un mot : " Dernier avertissement ". Juan décide de tout quitter, usine, pays. Mais hors du Pérou, il continue de dire à tous ceux qu'il rencontre : " Il faut faire vite, mon pays saigne. " »

En effet, comme d'autres, le Pérou saigne, et ceux qui étaient là, comme moi, cherchaient à arrêter au plus tôt l'hémorragie. Le coopératisme est pour nous l'un des garrots permettant de stopper le cycle de la violence et de la peur. Ceux qui sont engagés dans le mouvement coopératif s'accrochent encore à leur travail, s'organisent pour survivre au pire, pour sortir des cauchemars désespérés. Alors, il faut trouver des marchés et des formes d'échanges adaptés à la situation. Mon ami Hector de Galard, alors chargé à la GMF du « commerce extérieur », expert en échanges commerciaux, n'a cessé de conclure de bien curieux contrats : café contre camions, sucre contre usines, graines contre pneus de poids lourds, etc. Pourquoi ces rencontres de Carthagène ont-elles ainsi pris l'allure d'un retour au troc, forme primitive et bien connue d'échanges et de commerce ? Tout simplement parce qu'il est apparu d'évidence, dès les premières réunions de travail, qu'il fallait repenser la nature et la forme des relations économiques de production, de commercialisation des biens et des services dans un esprit de service. L'objectif était de réaliser, au travers d'actions économiques et sociales, les conditions d'un progrès pour l'homme. C'est ainsi que l'on a perçu la nécessité de s'engager résolument, entre l'Amérique latine et l'Europe, dans une voie d'échanges à base de troc et non plus de monnaie. Le différentiel de valeur, correspondant au prix des choses, serait versé à un fonds de solidarité compensatoire, cogéré, afin de promouvoir des actions de formation des femmes et des hommes à la production et au commerce. Une déclaration d'intention fut adoptée à l'issue de cette réunion. Elle permit de jeter les fondements d'un nouveau style de coopération où l'éthique se confond harmonieusement avec la pratique. Le principe de base est que la mobilisation des énergies de toutes celles et de tous ceux qui croient que l'on peut faire l'économie de la violence entre peuples, consiste à aider les autres à s'aider eux-mêmes.

Et il est vrai que le mouvement associatif et coopératif se prête bien à cette conception de l'aide au développement. Les coopératives paysannes, les associations de petits industriels et artisans, qui regroupent les classes moyennes de ces pays d'Amérique latine, ni très pauvres ni aisées, aspirent à un monde où le travail et l'échange remplaceraient la violence et la misère, sont prêtes à prendre tous les risques pour la paix, et notamment celui de la fraternité et du dépassement des schémas traditionnels, aujourd'hui inopérants, et inadaptés à des contextes révolutionnaires, où chaque minute perdue pèse lourd dans la balance.

Quelqu'un n'a-t-il pas dit à ce propos : « Apprenez-leur à pêcher le poisson. » Il ne s'agit ni plus ni moins que de cela. On pourrait parler d'ailleurs de « coopération à dimension humaine sur le terrain ». Le succès de cette conception dépend de la réalisation préalable des conditions de confiance réciproque et de la renonciation aux grands mots, aux grandes théories, si chers à tant de grandes organisations dispendieuses et peu efficaces et à tant de gouvernements plus soucieux de leurs intérêts égoïstes que d'une véritable coopération désintéressée.

La volonté d'agir ne vaut que si elle s'accompagne de la volonté de croire, que si le moteur, l'incitation à faire, n'est pas l'intérêt personnel d'individus ou de groupes humains, mais une véritable contribution destinée à permettre à des êtres vivants dans la misère d'accéder à l'autonomie. Pour nous, mieux valent 1 000 pompes solaires ou 1 000 éoliennes en Afrique, que de grands projets qui ne procurent de satisfaction qu'à ceux qui les formulent. L'efficacité de telles actions n'est valable que si elles s'accompagnent d'un désintéressement essentiel.

Là encore, une révolution mentale s'impose, une révolution dans notre façon de réfléchir, d'être avec les autres et de les considérer. Comment pourrais-je rester insensible, lorsque je voyage ainsi à travers le monde, et notamment dans les pays en développement, à ce besoin d'union et de considération, à cette aspiration très largement partagée, à voir s'établir de nouveaux rapports entre les individus, entre les pays, entre les continents ?

Tous ces dialogues, que j'entretiens ainsi, au sein de mon entreprise, avec nos adhérents et nos clients, mais aussi avec tant de citoyens de ce pays, ceux de Nogent comme ceux de nos collèges de la Fondation de l'homme citoyen, avec ceux qui, à travers le monde, partagent les préoccupations de l'AMES, me sont particulièrement précieux. Entreprendre, pour moi, c'est avant tout une activité sociale. Je le fais avec les autres, pour les autres, dans le monde tel qu'il est, sans idéalisme, mais avec la ferme volonté de m'engager, partout où cela est possible, pour défendre et promouvoir mes idées.

Mon expérience est, je le crois, riche et diverse. Je consacre à ces différentes activités le meilleur de moi-même avec la conviction, fortement enracinée, qu'il est possible, partout, de mieux vivre ensemble, dans l'entreprise, dans la cité, dans notre pays, dans le monde. Profondément attaché à voir, essayer de comprendre et utiliser mes connaissances pour agir, là où je suis, en fonction des principes qui sont les miens, de ce que je crois juste, pour répondre aux exigences de notre temps. Ce que je constate, dans mon entreprise, le besoin de considération, la demande de participation, de partenariat, l'aspiration à la démocratie directe, la volonté de savoir, d'être informé, de réaliser des besoins individuels dans une action collective, tout cela, que je vis chaque jour, depuis des années, au sein de la GMF, n'est pas propre au secteur de l'économie sociale. On rencontre ces mêmes phénomènes quand on est élu local, lorsque l'on réunit nos concitoyens, lorsque l'on va à la rencontre des autres, en Europe, dans le monde.

La société de demain est déjà parmi nous. Cette formidable mutation s'opère dans le désordre, l'angoisse, le désarroi. Pourtant, on peut infléchir le cours des choses, aider l'homme à vivre, à se déterminer, à se développer. Si j'ai ainsi parlé de moi, de ma vie — celle d'un homme simple et d'un citoyen ordinaire —, c'est pour convaincre, comme je cherche à le faire dans tout ce que j'entreprends, que si l'homme s'interroge aujourd'hui sur son rôle, sa place, son devenir et sa vie, il est possible avec une éthique et une volonté de sortir des ornières dans lesquelles nous nous croyons englués, d'emprunter d'autres chemins, de retrouver des raisons d'espérer et, avec elles, la confiance en l'avenir, le goût du futur.

III

Une éthique
de la connaissance

Les désordres du monde ; le désarroi des individus.

Qu'est-ce que la réussite d'une personne lorsque s'amoncellent les nuages qui obscurcissent notre horizon ? Les désordres du monde se font chaque jour plus évidents : un amas de déséquilibres et de dangers fait planer sur nous une menace constante qui nourrit le désarroi des individus et l'angoisse collective du lendemain. Faut-il rappeler ici les grands fléaux collectifs que nous connaissons : la faim dans le monde, l'accumulation des excédents, ici la lèpre du dénuement, là le chômage, les inégalités sociales entre le Nord et le Sud bien sûr, mais aussi dans les pays développés, les unes et les autres amplifiées depuis plus d'une décennie par une crise qui se prolonge et dont on ne voit pas la fin ? De tous ces grands fléaux collectifs, d'ordre économique et social, découlent des risques de déstructuration sociale, lourds de menaces pour la paix et la démocratie.

En outre, ces dernières années, plus particulièrement en 1986, sont réapparues des menaces que l'on croyait durablement éloignées. Le SIDA fait resurgir les fantasmes de la peste, de la contagion, des miasmes infectieux qui contaminent, affaiblissent, tuent en nombre croissant, aujourd'hui déjà, demain plus encore, au fur et à mesure que l'étude statistique et clinique de la maladie montre l'ampleur des populations touchées et l'issue toujours inéluctable. Les Français ne s'y sont pas trompés qui ont fait du SIDA, et des peurs qu'il véhicule, le risque numéro 1 des années qui viennent. On pressent la catastrophe sanitaire, on l'appréhende et on attend comme le Messie, sans trop y croire, le vaccin miracle qui nous épargnera ce que d'aucuns considèrent déjà comme un désastre. Et puis Tchernobyl vint, le jour où notre fille Véronique fut enlevée, drame individuel, soudain, imprévisible, accablant. Se jouant du rideau de fer, après avoir tué, irradié ceux qui vivaient près de la centrale, le nuage radioactif s'est promené impunément sur nos têtes, de la Finlande à l'Italie, de la Pologne à la France, au gré des vents et des pluies, sans que rien ni personne ne puisse en contrôler la course. Nous assistions, impuissants, à ces retombées de becquerels qui polluaient notre environnement, nos aliments, notre atmosphère, sans crier gare. Bien sûr, c'était là-bas, dans ce monde clos où rien ne marche et, les premiers émois passés, la tranquille assurance de nos techniciens nous rassurait. Ce qui était possible chez eux, dont il fallait bien sûr se protéger, ne l'était pas chez nous : fiabilité de nos techniques, sérieux de nos normes de sécurité, compétence de nos ingénieurs, tout cela nous mettait à l'abri de telles catastrophes. Et pourtant, qu'est-ce que l'explosion de l'usine Sandoz, qualifiée alors de « Tchernobâle », sinon la preuve que la menace existe aussi chez nous, que nous ne sommes pas immunisés contre le mépris des normes de sécurité, l'incurie des responsables, les bavures de nos techniques. Le Rhin, artère vitale de l'économie européenne, fleuve tant de fois agressé depuis des décennies par les rejets industriels les plus divers, en Suisse, en France, en Allemagne, aux Pays-

Bas, mais que l'on s'efforçait malgré tout de maintenir en vie, dont on espérait régénérer les eaux par une action internationale contre toutes les pollutions, le Rhin, vidé soudainement de sa substance, poissons morts, flore détruite, berges souillées, cloaque putride sur des centaines de kilomètres, et dix ans d'efforts à entreprendre, au plus vite, au prix fort, pour régénérer ce qui, en quelques heures, a été mutilé.

Alors oui, il y a de quoi avoir peur. La catastrophe semble à portée de main, l'on s'attend à tout en poussant le matin le bouton de sa radio ou, le soir, celui de sa télévision. « Le pire n'est jamais sûr », dit-on. Certes, mais il nous paraît de plus en plus probable. L'insécurité qui résulte de tous ces désordres, accrue encore par la délinquance quotidienne, petite ou grande, vol de sac à main dans le métro ou homicide sanglant de cambrioleurs surpris, l'insécurité est notre lot commun à tous, citoyens de la planète, au Nord comme au Sud, dans les Babylone grouillantes du tiers monde, comme dans les villes de lumière d'Europe, des États-Unis, à Kiev comme à Bâle, à Lima comme à Paris, à Mexico comme à Bagdad. Et quand la guerre, civile ou non, apporte avec elle son lot de drames quotidiens, d'hécatombes inutiles, de vies anéanties, de corps mutilés, alors on se dit que la coupe est pleine, on désespère de l'humanité, on perd le goût de l'avenir, on reste sans voix devant tant de malheurs. On en conclut qu'un vent de folie souffle sur la terre des hommes, on se demande s'il y a encore quelque chose à faire pour éviter cette course à l'abîme et, millénarisme aidant — nous avons survécu à 1984 et aux prédictions d'Orwell, mais l'an 2000 approche —, on se prend à craindre la fin du monde dans l'enchaînement incontrôlé des pires catastrophes, l'homme disposant désormais, avec le nucléaire, des moyens de détruire en quelques secondes la planète sur laquelle il est né, d'une immense chaîne de mutations successives, il y a plusieurs millions d'années.

Dans le même temps qu'il s'interroge ainsi sur son destin et prend la mesure des dangers qui l'assaillent, l'homme est confronté, depuis son apparition sur terre, aux deux plus fortes mutations de son histoire. L'une est d'ordre technologique, et il est devenu banal d'en parler. Les mots ont fleuri pour la décrire, à la mesure de la floraison d'outils nouveaux : informatique, bureautique, télématique, commercique, etc., ont envahi notre vocabulaire et, les matériels qui vont avec, notre vie quotidienne. Un nouvel outil, conçu par l'homme, inspiré par son cerveau, a été mis à sa disposition, transformant de façon radicale l'utilisation de son temps et de son espace de vie, sans qu'il en ait mesuré, au préalable et précisément, les effets essentiels. L'ordinateur est ; nous en subissons les effets tout autant sinon plus que nous ne les contrôlons, et les bouleversements qui en résultent nous angoissent davantage par leurs conséquences visibles qu'ils ne nous séduisent par les bienfaits que nous en espérons pour demain. A celui qui dit « société interactive », combien répondent « suppression d'emplois ! »

L'autre mutation — et elle me paraît, du moins à court terme, plus difficile encore à maîtriser que la première — est d'ordre démographique. Voici que survient sous nos yeux, et s'accélérera demain, la plus forte explosion démographique de tous les temps.

Au même moment, à cinq ou six années près, des millions d'êtres humains vont naître sur les trois continents qui sont déjà les plus peuplés de la terre : l'Amérique latine, l'Afrique, l'Asie. Aucun chef de famille, aucun chef d'entreprise, aucun responsable ne peut ignorer cette donnée fondamentale, *a fortiori* lorsque l'on sait qu'à l'inverse l'Europe sera vieillissante (la France aura plus de 50 % de sa population âgée de plus de 60 ans), et que l'Amérique du Nord commencera son propre déclin démographique.

En 2015, la Chine comptera 1 milliard 300 millions d'habitants. Une Chine nouvelle, technologiquement en pointe, ayant intégré de l'Occident et du Japon ce qu'ils ont de meilleur. L'Inde aura à nourrir 1 milliard 600 millions d'habitants, le Maghreb — Algérie, Maroc, Tunisie — 100 millions d'habitants, de l'autre côté de la Méditerranée, si près de nous, comme les Caraïbes des États-Unis, mais dans quel rapport démographique! Ce sera aussi l'Égypte, avec 80 millions d'habitants! Le Nigeria avec plus de 220 millions d'habitants et, avec lui, l'Afrique noire qui explosera comme l'Amérique latine, partout, au Pérou, en Bolivie, en Uruguay, au Brésil, au Mexique, au Venezuela, etc.

Cette révolution démographique donne le vertige. Elle rend dramatique le problème de la faim dans le monde. A Joal-Fadrouth, au Sénégal, dans le village natal du président Senghor où je me trouvais récemment, des centaines d'étoiles scintillaient dans la nuit, sur la petite place où était donnée une fête en notre honneur : c'était le reflet de la lumière des lampions dans les yeux des enfants, ces adultes de demain, qu'il faut dès aujourd'hui, au prix de tant de difficultés, nourrir tant bien que mal. J'avais vu, l'après-midi, dans la brousse, ces éoliennes, ces pompes solaires, sans lesquelles l'eau ne vient pas, sans lesquelles toute culture est impossible. Je mesurai alors tout ce qu'il faudrait entreprendre, dans les années à venir, pour multiplier les points d'eau sans lesquels il ne sera pas possible d'espérer nourrir correctement ces enfants! En aurons-nous les moyens, saurons-nous relever, ici au Sénégal, partout ailleurs dans le tiers monde, ce défi gigantesque pour que ne soit plus insulté, tous les jours, l'un des plus élémentaires des droits de l'homme : celui de se nourrir ? C'est bien à un problème de survie que nous sommes toutes et tous confrontés.

Confrontée à tant de désordres, d'insécurité, de menaces qui obscurcissent l'avenir, la démocratie même est en péril. L'ombre noire du totalitarisme s'étend et, même là où ses effets négatifs ne se sont pas encore fait sentir, l'individualisme, la tentation du repli sur soi, le besoin de sécurité, l'égoïsme minent les fondements de nos sociétés de liberté, jusque et y compris dans notre pays, la France, patrie des droits de l'homme.

Ce phénomène excessivement préoccupant est d'autant plus perceptible que se creuse sans cesse davantage le fossé entre la réalité sociologique de notre pays et les pratiques politiques, entre les angoisses de nos concitoyens, mais aussi leurs aspirations, et la façon dont ceux qui nous gouvernent traitent les problèmes auxquels nous sommes confrontés. Comme tous les autres pays occidentaux, la France subit de plein fouet la crise de ses valeurs traditionnelles. Sous les coups de boutoir des fanatismes, des révolutions économiques et technologiques, des mutations sociales, ébranlée par le doute et la confusion, elle cherche l'issue du labyrinthe qui l'emprisonne. Sans fil d'Ariane pour leur montrer le chemin, nos compatriotes ne savent plus à quel saint se vouer pour trouver enfin de nouvelles raisons d'espérer.

La France ne ressemble à aucun autre pays, par ses conceptions de la propriété, de la vie individuelle et sociale. Même après plus d'un siècle de mutation industrielle et d'urbanisation, elle demeure essentiellement, quant à ses mentalités profondes, une nation de paysans, d'artisans et de bourgeois. Les Français ont, pour ces raisons, une tendance naturelle à faire preuve d'un sens aigu du réel dans leur vie privée et à manquer de réalisme dans la vie publique. Le trait le plus marquant de leur psychologie politique est l'individualisme qui demeure vivace et va de pair avec un défaut de conscience civique. Le respect profond des lois, des règlements et des dispositions fiscales ne leur est pas naturel. Tenter d'échapper au fisc ne leur paraît pas, par exemple, un péché mortel. Quant à l'État, ils n'en ont pas une conception nette. Ils le confondent volontiers avec ceux qui gouvernent. Cette notion radicale du citoyen contre les pouvoirs fait partie de notre héritage politique, dichotomie d'ailleurs particulièrement évidente lorsqu'il s'agit de voter. Les électeurs accordent beaucoup plus d'importance aux symboles qu'aux considérations concrètes, à la façon de poser un problème plutôt qu'à celle de le résoudre. Cela vaut surtout pour les élections nationales, beaucoup moins lors des scrutins locaux (élections municipales, cantonales), où les choses évoluent depuis quelques années.

Il est bien certain que lorsque les intérêts à gérer rencontrent ceux de l'électeur, celui-ci ne juge pas comme lorsqu'il s'agit d'un programme de fiscalité, de politique sociale ou de politique étrangère. De là résulte d'ailleurs le scepticisme de nos concitoyens quant à la réalisation effective des réformes promises par les partis et par les candidats. Ne disait-on pas déjà, sous la IIIe République : « Il est bon de parler de réformes, il est dangereux d'en faire. » Toute notre vie politique, y compris sous la Ve République, reste marquée de cette empreinte que Péguy appelle « l'esprit de système », attachement aux principes, aux doctrines.

Ce goût des systèmes politiques accuse les oppositions et rend difficiles les compromis. La gauche rêve perpétuellement d'annihiler la droite, qui nourrit de son côté la même pensée à l'égard de son adversaire. L'alternance régulière des partis au pouvoir n'est pas encore une notion totalement acceptée en France — même si bien des progrès ont été accomplis ces dernières années —, et l'on conçoit comme normal le heurt permanent entre deux blocs antagonistes que tout oppose, en théorie sinon en pratique. Je ne nie pas qu'il y ait dans ce pays deux grands courants politiques, ayant chacun leur système de valeurs. Il est vrai que, nonobstant les transformations ou les combinaisons intervenues au cours des années, il existe, en effet, un certain nombre d'éléments permanents qui différencient chacune de ces deux grandes tendances.

A la prudence de la droite s'oppose la hardiesse de la gauche. L'homme de droite se méfie par nature du changement et, s'il en parle, c'est comme à regret, pour se dédouaner vis-à-vis de la clientèle de gauche qu'il souhaite récupérer. Respectant l'expérience du passé, il a le goût de la sécurité, de la stabilité. C'est ce qu'exprimait, en termes choisis, le père Congar, dans un article publié en juin 1950 dans *la Vie intellectuelle* : « Une attitude de droite se caractérise par une certaine méfiance à l'égard du sujet, de l'homme, et par un penchant à mettre l'accent sur la détermination des choses par voie d'autorité. Il est d'instinct pour tout ce qui est fait, défini, et n'a qu'à être imposé et reçu, contre ce qui aspire à être, n'a pas encore dit tout ce qu'il sera et doit encore être cherché. »

Inversement, l'homme de gauche a le goût d'expérimenter ; il a tendance à vouloir se libérer du poids de l'histoire, en modifiant ce qui existe, considérant que le mouvement s'identifie au progrès, tandis que l'homme de droite s'attache à l'ordre établi.

Ces données fondamentales des tempéraments de gauche et de droite expliquent la différence des conceptions à l'égard du progrès social, de l'État, de la religion, du régime politique et de l'homme. Alors que la droite met l'accent sur les hiérarchies nécessaires et le respect qui leur est dû, la gauche se prononce pour l'égalité de tous. Tandis que l'homme de droite prône le maintien de l'autorité du père de famille ou veut assurer la solidité du foyer par la transmission du patrimoine, l'homme de gauche veut libérer les enfants du pouvoir de la famille, choisir le type d'éducation qui les rende indépendants vis-à-vis du système de valeurs de leur père, etc. On pourrait pousser plus loin l'analyse, jusqu'à la caricature, à propos de l'entreprise, du rôle des syndicats, de la justice, de la religion. La conception que les uns et les autres ont du rôle et de la place de l'État est à cet égard très révélatrice.

La droite souhaite un État fort, voire autoritaire dans sa fonction d'ordre, mais ne veut pas qu'il soit omnicompétent, omniprésent, notamment dans le domaine économique, afin de ne pas écraser l'individu. La gauche admettra qu'un État démocratique étende sans mesure le champ de sa compétence, chaque fois que son action peut être considérée comme émancipatrice.

En fait, la divergence de vues entre droite et gauche est surtout fondée sur une conception différente de l'homme.

La droite doute que l'homme soit perfectible. Elle pense que son plein épanouissement ne peut se faire par ses propres moyens, par sa seule raison, mais nécessite des tuteurs, des guides (d'où le rôle de la tradition, des autorités sociales ou spirituelles, des communautés diverses). La gauche, au contraire, se veut optimiste. L'émancipation de l'homme n'est pas une utopie, elle peut être atteinte progressivement en brisant les chaînes qui l'enserrent : les intermédiaires, les dogmes, les traditions, les vestiges du passé. Son arme sera l'État démocratique, fondé sur le suffrage universel.

Ces manières de voir, exprimées dans des programmes,

défendues par des partis, perdent beaucoup de leur crédibilité dès lors qu'elles sont confrontées à la vie, au terrain, à la réalité sociale.

A Nogent, le samedi matin, jour de marché, je me promène fréquemment parmi mes concitoyens. Combien de fois ai-je entendu tel ou tel me tenir ce langage : « Vous avez vu, monsieur le maire, vos politiques ! Pour qui se prennent-ils donc ? Ils ont encore pris des décisions sans nous demander notre avis. Ils ne doivent pas avoir de bons conseillers. » Ou bien encore, avec une sorte de fatalisme : « Il va falloir encore voter pour eux ; il n'y a donc personne d'autre ? » « Je vais aller voter, mais, cette fois, je dépose dans l'urne une enveloppe vide. » Et puis, cette phrase si souvent répétée : « Ils sont bien pressés. Ils ne peuvent donc pas prendre leur temps ? » Ou, pis encore : « Ils n'y comprennent rien ! Ils ne pensent qu'à se faire réélire. Ils ne peuvent pas s'intéresser à autre chose qu'à eux. Ils feraient mieux de nous trouver du travail au lieu de discuter et de passer leur temps à paraître ou à essayer d'accaparer les réalisations du voisin par peur de disparaître. »

Tout cela exprime une défiance croissante vis-à-vis des hommes politiques que l'on aurait tort de négliger, alors que s'expriment par ailleurs tant d'inquiétudes sur l'avenir et tant d'espoirs pour que se dégagent des solutions précises et concrètes aux difficultés du temps. Il faut s'inquiéter de ces évolutions, de ces spectateurs qui ont l'impression de se trouver dans un théâtre où les acteurs jouent une autre pièce que celle pour laquelle ils sont venus. Prenons garde qu'un jour ils ne se lèvent, les uns après les autres, et ne rentrent chez eux. Il en serait alors fini de la démocratie.

La démocratie est un bien trop précieux pour que l'on n'en utilise pas toutes les virtualités, pour qu'on la laisse ainsi dépérir, alors qu'elle est plus que jamais nécessaire à la solution des problèmes qui nous assaillent. Prenons-en acte : les mécanismes, quels qu'ils soient, les idéologies, d'où qu'elles viennent, ne sont plus de mise, parce que inadaptés aux réalités contemporaines et donc inacceptables et, d'ailleurs, de plus en plus rejetés par ceux auxquels ils s'adressent. Dans nos pays de liberté, l'un des phénomènes les plus importants est en effet la désaffection croissante de la population, — c'est-à-dire du pays réel —, à l'égard des institutions et surtout des hommes et partis politiques avec lesquels elles fonctionnent. En France, pays sociologiquement éclaté et politiquement divisé, une masse grandissante d'hommes et de femmes participe de moins en moins, ou éprouve de moins en moins d'intérêt à participer à la vie civique, aux mécanismes de la démocratie. Se multiplient alors les comportements bien connus de repli sur soi-même ou sur de petits groupes, de petites cellules, trouvant dans cette attitude de rétraction sur la sphère privée de quoi satisfaire les besoins, les aspirations, les plaisirs que la société n'est pas en mesure de leur procurer, quand elle n'est pas en outre une source d'agressions que l'on cherche à fuir, dont on tente de se protéger. Cela se nomme indifférence : utilitarisme, égocentrisme, égoïsme. Alors, le sens de l'appartenance au groupe tend à se perdre. C'est la société tout entière qui en souffre, se vide de son contenu, se dessèche, se déshumanise. Par ailleurs, les relations humaines sont parvenues à un tel degré d'hypercomplexité que l'homme éprouve de plus en plus de difficultés à comprendre ce qui se passe. Noyé sous une masse d'informations qui lui arrivent de toutes parts, comme les oiseaux du film de Hitchcock, il cherche par tous les moyens à se recentrer, sans trop savoir à quelle échelle de valeurs se raccrocher. Chaque domaine de la vie est dans un état de trouble et de confusion : la vie de famille, la vie sociale, les relations d'affaires, les contacts religieux et politiques, l'action gouvernementale. Partout, haine, rivalités, manque d'harmonie, lutte de partis ou de clans, méfiance entre nations, entre le « capital » et le « travail ». La justice devient « sociale », comme si l'on pouvait imaginer que la justice, qui consiste à rendre à chacun ce qui lui revient, *suum cuique tribuere*, puisse se découper en tranches alors qu'elle est, comme la République, « une et indivisible » ?

Quant à la solidarité, elle devient « nationale », alors qu'elle est de l'ordre de la morale universelle et trouve sa justification dans le mot formidable de la devise républicaine : fraternité.

Dire que les Françaises et les Français, en cette fin de siècle, semblent ne plus trop savoir à quel saint se vouer paraît, hélas, être un doux euphémisme. Ce qui vaut pour nous semble s'appliquer au reste de la planète, le monde est, comme Athènes, condamné par ses inconséquences, ses fureurs, ses haines et ses erreurs, à payer son tribut.

De combien de milliers et de milliers de morts faudra-t-il donc encore que la terre soit jonchée pour que les cris de l'espérance étouffent les clameurs de la souffrance ? N'est-il pas temps que le sursaut se fasse, qui ne soit point celui de l'agonie ? L'homme va-t-il enfin comprendre qu'il est à l'image de la balance de la justice, dont il soutient les plateaux ? Sur l'un repose la faux de la mort et sur l'autre le fil directeur ? Va-t-il enfin comprendre qu'il ne peut plus se permettre le luxe d'hésiter à se déterminer et qu'il doit s'engager ?

Il est vrai que partout l'homme doute de lui-même, tend à s'isoler des autres ou à se confier à des docteurs miracles. L'agora se vide, alors qu'il faudrait se rencontrer, échanger, s'ouvrir aux autres, chercher ensemble comment gérer le bien commun. Je n'ai pas, pour ma part, de recette magique à proposer, mais face aux désordres du monde et aux désarrois de l'individu, un chemin, une voie, une méthode, un fil directeur, un fil d'Ariane pour sortir du labyrinthe. Il n'est que celui de mon expérience, mais, à tout prendre, j'ai la faiblesse de penser que la vie m'a appris beaucoup de choses et que ce que je suis aujourd'hui m'autorise à faire part de mes réflexions.

Le fonds commun de l'humanité.

Le nez collé sur l'événement, l'œil rivé sur l'éphémère, emportés dans les tourbillons du quotidien, soûlés par le fracas des images qui les assaillent chaque jour jusque dans leurs appartements par le biais de la télévision, inquiets de ce qui se passe, angoissés de lendemains qui ne chantent pas, nos concitoyens oublient de regarder en arrière, de se pencher sur le passé. Or, ce regard sur hier est à la fois nécessaire et rassurant.

Nécessaire, car la crise que nous vivons, les doutes qui nous assaillent, les bouleversements qui nous troublent, ne sont pas sans précédent dans la longue histoire de l'humanité. De grâce, n'ayons pas la mémoire courte ! Rassurant, car il est des thérapeutiques connues pour sortir des crises, dès lors qu'on se donne les moyens de les analyser et qu'on est capable de faire naître des dynamiques de rassemblement susceptibles de mobiliser les énergies. De grâce, n'ayons pas le vertige du néant !

La théorie de l'entonnoir.

Du chaos originel aux désordres d'aujourd'hui, le progrès de la civilisation est une évidence, et cette leçon d'optimisme, ce message d'espoir ne doivent pas être oubliés lorsque l'on se penche sur nos difficultés contemporaines. L'immense entonnoir des divagations humaines, depuis l'aube des temps, nous permet de retrouver nos mythes originels, enrichis de tous les apports des civilisations qui se sont succédé, ici et là, jusqu'à l'universel message de 1789. Tel le laboureur, l'homme peut encore tracer un sillon droit dans une terre féconde.

Lorsque Socrate invitait ses élèves à commencer leur travail en approfondissant leur connaissance d'eux-mêmes afin qu'ils puissent accéder à l'appréhension de l'univers, il voulait donner à la connaissance la première place dans l'ordre des valeurs.

La connaissance commence par l'assimilation de ce que nous ont légué les générations mortes. L'observation de l'histoire des civilisations donne l'impression d'une longue quête. Au travers des luttes, des querelles, des guerres, l'homme s'est forgé un système de représentations dont l'étude est infiniment porteuse d'espérance. Une sorte de dépôt éthique, universel, traverse le temps et demeure disponible, véritable fonds commun spirituel, que recherchèrent peut-être les chevaliers du Graal. Dans les civilisations disparues, certains symboles apportent le témoignage de l'unité profonde de l'humanité. Ils permettent de mesurer à quel degré élevé de connaissance étaient parvenues certaines populations. Je crois utile d'en évoquer quelques-unes, ne serait-ce que pour mieux souligner la vanité de ceux qui prétendent aujourd'hui détenir des vérités premières. D'autres que nous savaient beaucoup de choses, même si les malheurs de l'Histoire ou la férocité des hommes en ont fait perdre jusqu'au souvenir.

Lorsqu'il m'est arrivé de survoler la plaine de Nazca, au Pérou, je fus surpris d'observer, tracées par les Incas, des lignes immenses qui s'entrecroisent, marquées en certains endroits par des dessins représentant des constellations. Ces adorateurs du soleil avaient ainsi accédé à une certaine maîtrise de l'énergie. Ils avaient peut-être tout simplement découvert que l'homme est une parcelle du cosmos, soumis aux vibrations électromagnétiques venant du ciel et de la terre et qui l'influencent de sa naissance jusqu'à sa mort. On comprend dès lors que l'on trouve parmi ces lignes, finement dessinées, la représentation de la constellation d'Orion, dont les émissions vibratoires sont parmi les plus fortes en direction de la terre. Mais les Incas ont disparu, emportant avec eux leur secret.

Dans le même ordre d'idées, peut-on ignorer la quête égyptienne ? Il cheminait sur le sentier à méandres de la pyramide, sur la voie initiatique, le pharaon mort, se rechargeant en énergie vitale afin d'accéder en force à la vraie vie. Empruntant aujourd'hui ses pas, comment ne pas chercher à comprendre pourquoi les Égyptiens construisaient des pyramides sur un sol riche en soufre ou en mercure ? On en vient à se demander jusqu'à quel niveau de connaissance les prêtres de l'Égypte étaient parvenus, eux qui, comme les Incas, adoraient le soleil. Quel était leur degré de maîtrise de l'énergie ?

Tout cela fait partie de la connaissance nécessaire du passé pour comprendre le présent. Ainsi, certaines écoles d'architecture, reprenant les recherches égyptiennes, se soucient aujourd'hui d'intégrer dans leurs projets les phénomènes vibratoires pour construire des immeubles où les individus auront davantage de chances de vivre en harmonie avec eux-mêmes et avec les autres, c'est-à-dire d'être bien dans leur peau, parce que l'on aura pris en considération l'existence de phénomènes rythmiques qui caractérisent le mouvement de la vie. Ceci n'a rien d'utopique, et c'est d'ailleurs ce principe que j'ai demandé à des architectes d'étudier pour construire la future cité du groupe GMF.

Chaque fois que je voyage, pour mon travail ou pour mon plaisir, je m'attache toujours à retrouver la richesse symbolique des œuvres d'art ou des démarches philosophiques des civilisations anciennes. J'y trouve d'étonnantes permanences. Ainsi, à Polonnaruwa, dans l'île de Ceylan, je fus frappé de la similitude des gestes du *Bouddha debout* avec l'attitude du Christ de la grotte de la Nativité à Bethléem et celle, immuable, de l'initié d'Afrique, qui revient au village après avoir subi les épreuves initiatiques, après avoir pris le risque de mourir cent fois. Cette attitude est celle du « Bon Pasteur », qui se croise les bras, les mains ouvertes, à plat sur sa poitrine. Elle signifie la maîtrise de soi, acquise après avoir subi les épreuves les plus dures, y compris le sacrifice de sa vie. On retrouve ces mêmes permanences dans les analogies entre le symbolisme du nombre et celui de la lumière. Ainsi, dans le plus ancien livre de la Chine, peut-être aussi vieux que la Bible, le *Shui hu zuhan* (« Au bord de l'eau »), on trouve ce passage très significatif : « Dans les temps reculés, vivaient les cent huit brigands des marais des monts Liang. Les gens de la plaine voyaient sans cesse leurs biens et leurs moissons razziés par les bandits de la montagne. Un jour, trois frères décidèrent de faire front, mais se retrouvèrent faibles. Ils firent appel à trois autres frères et se concertèrent. Après maints conciliabules, ils conclurent à l'insuffisance de leurs forces et se mirent en quête d'un septième frère, pensant qu'ainsi l'harmonie de leur groupe serait presque parfaite. Ils le trouvèrent et l'élirent vénérable. »

On n'en finirait pas d'énumérer les symboliques communes du chiffre 7. La loge maçonnique, pour être juste et parfaite, doit avoir sept officiers, dont le vénérable. S'il n'a pas, dans l'art roman, la place correspondant au rôle qu'il joue dans le vieux livre de la Chine, dans la Bible ou dans les traditions, il n'en est pas moins la somme de 4 et de 3, évoquant ainsi l'union de la terre et du ciel. Le chiffre 7 est aussi celui de l'Apocalypse : les sept Églises d'Asie, les sept cornes de la bête, les sept coupes de la colère divine, les sept péchés capitaux, le chandelier à sept branches... Quant au thème de la lumière, il traverse le judaïsme, le christianisme et l'islam, où il exprime l'éternelle quête de l'homme assoiffé de plus de connaissances, à la recherche de l'absolu, de la lumière divine dont il est une parcelle.

Alors, oui, malgré les désordres, les divisions, les déchirements, les réalités, les guerres, des permanences unissent les hommes, par-delà les époques et les civilisations. Cela vaut pour le meilleur, comme pour le pire.

Si l'occasion un jour vous est donnée, comme elle le fut à diverses reprises à moi-même, de faire un pèlerinage à Gorée, ce port du Sénégal d'où partaient les bateaux chargés d'esclaves, femmes, hommes, enfants, entassés au mépris de toute dignité pour la pire des destinations, celle de la servitude, jusqu'à la mort, dans ces grandes plantations ou ces mines profondes d'Amérique, alors vous lirez, dans la grotte qui servait de salle d'attente, avec des chaînes scellées dans les murs pour les pieds et les mains, des pensées gravées dans la pierre. L'une d'elles a retenu mon attention : « Gorée, Dachau, le goulag : l'homme a bien du chemin à faire avant de devenir véritablement homme. »

Oui, il est long le chemin vers la sagesse, et les horreurs d'aujourd'hui n'ont rien à envier à celles d'hier. Pourtant, nous, Occidentaux, ne sommes-nous pas les témoins d'une civilisation bien vivante, porteurs d'une culture qui rayonne encore bien au-delà de nos frontières ?

Nous sommes les filles et les fils de la Méditerranée, de la Grèce, de la Judée, de Rome et de la Celtique aussi. Que nous enseignèrent les Grecs ? L'homme, ainsi que l'écrivait Protagoras, « est la mesure des choses ». Quel homme ? Celui qui, par sa raison dont il fait bon usage au point de découvrir la science, appréhende la nature et ses lois afin de la bien connaître, en sachant que la connaissance de l'univers commence par la connaissance de soi-même. Que pouvait-il, en effet, naître de mieux, sous ces cieux de lumière, que l'accès à la sagesse, à la connaissance et à l'esprit critique, c'est-à-dire à la liberté, ce droit de choisir et de dire en tout temps, en tout lieu, en toute circonstance, son accord ou son désaccord, s'exprimant sur l'agora des hommes libres ? De Judée nous vient le pathétique appel de Jésus, sacrifié sur la croix, faisant trembler le sol par le martèlement de ses pas lourds et fermes : plus de justice sociale ! plus d'amour ! moins de haine ! ne mélangez point les genres ! rendez à César ce qui appartient à César, à Dieu ce qui est à Dieu ! Et puis ce cri que l'on ne peut entendre sans une intense émotion : « J'accepte librement d'être immolé par vous qui faites de moi votre bouc émissaire, mais sachez-le bien, je serai le dernier, puisque telle est la condition de votre salut, je serai le dernier, sinon ce sera votre fin. Crucifiez-moi ! Je le veux ! »

Les Grecs étaient « raison » ; Jésus était « passion ». Rome essaya de concilier ces deux très grands cris par la réglementation des relations entre les citoyens. Le respect de la norme juridique, dès lors qu'elle est juste, permet les débordements des uns, car ils ne seront jamais dangereux puisqu'ils s'arrêtent là où commencent les droits des autres. Rome occupa la Gaule mais, sous le vernis de la *pax romana,* aucun autre peuple que le celtique n'a sans doute eu une influence plus profonde sur l'avenir de notre pays, sur ce que nous sommes aujourd'hui, façonnés par une longue histoire, mais imprégnés, à bien des égards, par l'héritage de ce peuple de rêveurs et de constructeurs. Vitalité, énergie sont les éléments majeurs de leur personnalité. Ils utilisaient, eux aussi, des symboles, qui traduisaient leur préoccupation de se dépasser en participant à la vie de l'univers. Ils nous ont transmis leur amour des idées générales, leur sensibilité, leur capacité d'adaptation. Puisant leurs connaissances aux sources mêmes de la vie, par l'intermédiaire des druides et des élites qui leur succédèrent, ils nous ont transmis une tradition dont on comprend mieux aujourd'hui l'actualité et la grandeur : accéder à une vérité plus profonde, où l'amour et la participation remplacent le raisonnement.

Comment un tel brassage de peuples et d'idées, au long des siècles, n'aurait-il pas engendré une certaine conception de la vie en société ? Et cette conception, notre orgueil dans ce monde en proie aux totalitarismes de toutes obédiences, c'est la démocratie et son triptyque : « Liberté, Égalité, Fraternité ». Ce sont les maîtres mots de la Révolution française : homme, raison, nature, progrès, bonheur et, au bout du compte, la séparation de la vie civile et de la vie religieuse. Ceux de 1789 nous ont transmis le bon message : l'homme, grâce à sa raison, va pouvoir dominer la nature, en appréhender et maîtriser les lois et, de progrès en progrès, par la science, réaliser le bonheur, mot nouveau, idée neuve en Europe, disait-on en cette période de bouillonnement intellectuel du XVIIIe siècle qui annonçait les bouleversements à venir : « Les Français pensaient comme Bossuet, brusquement ils se mettent à penser comme Voltaire, c'est une révolution », écrivait Paul Hazard.

Cette manière de sentir, de penser, d'agir, de vivre, dont la *Déclaration des droits de l'homme et du citoyen* du 26 août 1789 était et reste le plus beau monument à la gloire de la liberté, après avoir gagné l'Amérique et influencé de manière durable des Constitutions de bien des pays, paraît aujourd'hui battue en brèche, remise en cause. A nous de ne pas oublier ce message, d'en reprendre le flambeau pour répondre aux interrogations de notre temps, à la déstabilisation des structures et des règles de fonctionnement de tant de groupes humains sur notre planète, déstabilisation insidieuse, rampante, subie ou voulue, qui touche à tous les domaines de l'existence.

Oui, la civilisation occidentale et, avec elle, bien d'autres civilisations, sous bien d'autres tropiques, connaissent une crise profonde. Faim, guerres, chômage, violation des droits de l'homme, de l'humanité. Et pourtant, que de chemin parcouru depuis les origines, que d'unité dans nos démarches millénaires aux quatre coins de la planète, que de points communs dans nos recherches, jusqu'au message des hommes de 1789 qui résume encore aujourd'hui la longue quête d'une société meilleure ! Telles sont les leçons de l'Histoire, mais il en est d'autres, que nous apporte l'observation de l'histoire des civilisations. Un homme, un groupe d'hommes, qui renie sa vocation première, oublie son idéal, ses rêves d'adolescent comme ceux de ses ancêtres, prépare lui-même sa déchéance. Une nation ou une civilisation qui ne vit plus en harmonie avec ses mythes originels glisse sur la voie de la défaite, du désordre et de la déchéance. Il ne faut cependant pas oublier non plus que partout, à toutes les époques, les mêmes formes économiques et sociales sont apparues, avec les mêmes cycles de construction, de prospérité, de déclin. La connaissance de l'évolution des sociétés humaines peut nous aider à comprendre la crise d'aujourd'hui, pour mieux la surmonter.

L'unité de l'histoire de l'humanité.

Nous sommes des héritiers ; en tant que tels, si nous voulons jouer pleinement notre rôle, nous ne devons pas être des récepteurs passifs, mais au contraire nous emparer de notre histoire, depuis l'aube des temps. Je me suis toujours insurgé contre ceux qui, dans notre système éducatif, voulaient réduire la place de l'histoire. Brader l'histoire, c'est insulter l'avenir, avancer aveuglément vers le futur. L'histoire est notre lumière, et son étude attentive s'impose à tous. Il faut en faire une grande cause nationale, en lui donnant la place qu'elle mérite dans les horaires scolaires, dans les examens du secondaire, dans nos universités et grandes écoles. Qui peut aujourd'hui prétendre assurer telle ou telle charge, pour le bien commun, sans prendre en compte, dans toute décision, un acquis tel que celui-là, digne du plus grand intérêt, et dont l'ignorance, hélas si souvent répandue, est lourde de conséquences ? Il faut sensibiliser à l'histoire les enseignants, bien sûr ; les élèves, cela va de soi ; les parents, mais aussi toutes les citoyennes, tous les citoyens pour que nul n'ignore les constatations fondamentales qu'elle nous révèle. Cela vaut surtout pour les chefs de famille, les chefs d'entreprise, les élus de nos cités, de nos départements, de nos régions, nos parlementaires, ceux qui nous gouvernent et ceux qui y prétendent. Mettre l'histoire à la une, c'est déjà maîtriser notre avenir.

Pour ma part, ici, je me bornerai à l'essentiel.

Dans chacune des révolutions que l'humanité fit plusieurs fois sur elle-même, en ces cinq millénaires et demi, les mêmes formes économiques et sociales, à des degrés égaux de développement, réapparaissent.

Les sociétés humaines passent en effet, en général, par une révolution progressive, d'un type de société dans laquelle la terre détermine la place de l'homme à un autre type de société, dans laquelle l'extrême mobilité des biens et des fonctions émancipe l'homme et ouvre la voie à son épanouissement. Ensuite, au fil du temps, un accroissement excessif des charges financières, imposé le plus souvent par les pouvoirs publics, conduit à une société de contraintes fiscales qui ramènent des structures figées. Alors émerge une organisation nouvelle qui sécrète et accélère tout à la fois l'éclatement de l'administration publique et du pouvoir centralisé, ramenant de ce fait la société à la base du cycle parcouru.

Poussant plus avant l'analyse, on constate que, sur cinquante-six siècles d'histoire de l'humanité, dix-sept à dix-neuf siècles seulement furent des périodes d'épanouissement de l'homme comme individu libre de ses actes.

Il est frappant de constater que les signes extérieurs et apparents du déclin sont toujours les mêmes, en Égypte, à Rome, en Occident :

— expansion pléthorique des charges de l'État,

— accroissement des contraintes fiscales sur les contribuables,

— éclatement des entités globales en faveur d'unités microlocales,

— concentration de la propriété par fusion,

— synergie d'entreprise ou, au niveau de la terre, apparition du bail emphythéotique ou bail à long terme.

Le bail à long terme illustre l'endettement de celui qui cultive. A un moment donné, ce dernier se trouve en situation de rupture. Il ne peut plus à la fois rembourser sa dette, conserver son outil de travail et financer son exploitation. La seule solution qui s'offre à lui est de renoncer à sa propriété et de la vendre à quelqu'un, généralement une entité institutionnelle, l'État, ou une société qui lui garantira, sa vie durant, la possibilité de vivre en continuant à exploiter. Mais en se mettant sous contrôle, il perd l'essentiel : la liberté, sa liberté. Des nouveaux schémas, fixant la nature et la forme des relations entre les parties prenantes, s'instaurent. Sans que l'on s'en aperçoive, une société nouvelle apparaît, entraînant l'individu vers un état de subordination, plus ou moins accentué, à la collectivité.

Savoir comment l'évolution des sociétés humaines se déroule, prendre conscience qu'il existe des périodes où la liberté de l'homme s'émousse au point de se perdre parfois dans l'anarchie ou la dictature, sont évidemment utiles pour comprendre le monde qui nous entoure. Cela nous permet, par exemple, de mieux apprécier les décisions gouvernementales ou parlementaires et d'en vérifier l'impact sur notre vie quotidienne. Ainsi pouvons-nous estimer qu'il n'est pas bon, ni acceptable, de voir se poursuivre la dégradation de nos libertés individuelles sous le poids croissant des charges sociales et des charges fiscales que constituent les « prélèvements obligatoires ».

L'étude de l'évolution des sociétés humaines, dans le passé, et sa comparaison avec les données de notre temps, permet de mieux comprendre l'évolution de nos sociétés. Nous savons que l'accroissement des charges fiscales, l'augmentation indéfinie des transferts sociaux, le poids de l'État dans l'organisation de la société et la réglementation de la vie des individus, ont toujours correspondu, sous diverses formes, à des périodes de déclin. La manifestation la plus évidente de ce déclin, d'où résultent tous ces phénomènes que nous constatons aujourd'hui, est la préférence donnée par les individus et groupes sociaux à la sécurité — même si elle revêt la forme d'une assistance tous azimuts — sur la liberté. Il est vrai que la liberté est difficile à vivre. Elle implique la prise de responsabilités, le courage de dire non, la nécessité de faire des choix et de les assumer, alors qu'il est si facile de laisser d'autres décider, de suivre des maîtres à penser, de se plier aux oukases des directeurs de conscience. Pourtant, nous devons être convaincus qu'à toutes les époques, chaque fois que l'homme a préféré la sécurité à la liberté, il a accepté une logique de déclin et conduit à sa perte la civilisation qu'avaient édifiée avant lui, décennie après décennie, ses ancêtres. Or, c'est bien ce que nous sommes en train de faire, à notre tour, sans nous en rendre compte. Faire le pari sur l'homme, aujourd'hui, c'est faire le pari sur la liberté, sur la conciliation entre la sécurité et la liberté.

Puisque l'Histoire nous enseigne comment meurent les sociétés, sachons éviter notre suicide collectif, en utilisant à bon escient les leçons que nous apporte la connaissance de l'évolution des civilisations et des peuples. C'est autour d'une morale de l'individu, d'une éthique de l'existence, que se joue notre avenir. Les droits et devoirs de l'homme sont au cœur de la problématique de notre temps. C'est une révolution mentale qu'il convient d'opérer. Cette révolution n'est possible que si l'on s'approprie le passé pour en tirer les enseignements qui s'imposent. Cela est nécessaire, mais n'est point suffisant. En ce moment particulier du XXe siècle qui s'achève, d'autres connaissances nous permettent d'y voir plus clair, de mieux maîtriser notre destin et de faire face, avec des chances accrues de réussite, aux problèmes qui conditionnent la survie de notre civilisation.

Du cerveau procèdent toutes choses.

Les acquis de la biologie.

Dans le cadre de mes réflexions sur le passage de la connaissance à l'action, deux savants, deux chercheurs (sans parler d'Edgar Morin) me semblent avoir marqué de leur empreinte la science de l'homme au xxe siècle : Henri Laborit et Jacques Ruffié.

La chance que ces hommes nous offrent est de nous permettre non seulement de mieux nous connaître et de voir plus clair en nous-mêmes, mais de savoir que nous sommes biologiquement uniques, que nos semblables sont tous dissemblables et que personne ne peut remplacer à l'identique celui qui meurt.

Henri Laborit, à qui notre pays se devrait de rendre un vibrant hommage, a fort bien mis en lumière ce qu'est un être humain et comment il « fonctionne ».

Même si d'autres progrès, d'autres découvertes viennent demain modifier cet acquis, il n'en constitue pas moins à l'heure actuelle l'un des éléments essentiels d'une meilleure compréhension des événements, des êtres et des choses.

Lavoisier nous a appris que rien ne se perd, rien ne se crée, tout se transforme.

L'homme est le seul animal vivant à savoir qu'il va mourir un jour ; mais la mort est vraisemblablement un autre état de l'être, différent de la vie.

Il sait que sa raison d'être est d'être et que la condition de son existence, en tant qu'être, est le bon fonctionnement de son cerveau et de son système nerveux.

Notre analyse ne se veut naturellement pas scientifique. Il ne s'agit pas ici de reprendre des démonstrations ni de faire des comparaisons. Ce n'est point notre fait ni notre démarche.

Simplement, disons qu'un cerveau est comparable à un émetteur-récepteur d'ondes venues de l'environnement, qui sensibilise des mécanismes dont la finalité est de permettre à l'individu de réaliser son équilibre biologique.

Cet objectif n'est pas, en vérité, si facile à atteindre.

Pour réaliser son équilibre biologique, il faut pouvoir trouver dans l'environnement le moyen de satisfaire son plaisir. On peut chercher à se faire plaisir de diverses manières, physiquement, matériellement, intellectuellement.

Lorsque l'être humain se heurte à des obstacles tels que son plaisir ne peut trouver satisfaction, il se produit un phénomène d'inhibition de l'action. Celui-ci entraîne des réactions débouchant sur une attitude à l'égard des autres et de lui-même caractérisée par deux sortes de comportements possibles :

— *Le premier comportement* consiste à rejeter et à nier cet environnement, cette société, qui ne conviennent pas. Repli sur soi ou refuge au sein de petits groupes humains sécurisants, cette attitude a nom indifférence ; elle débouche sur l'égocentrisme, le narcissisme, l'égoïsme ou sur des maladies comme les névroses, les maladies psychosomatiques, la drogue, l'alcoolisme, voire les suicides individuels ou collectifs tels qu'on en a vu au Mexique ou en Amérique centrale.

— *Le second comportement* n'est pas fait d'indifférence, mais bien, au contraire, d'agressivité. L'individu insatisfait, loin de se replier sur lui-même ou de chercher un refuge ailleurs, amplifie en écho sa hiérarchie de dominance qui est pour lui « la vérité », et cherche par tous moyens, physiques ou verbaux, à l'imposer en force aux autres. Cela se nomme l'intolérance.

Henri Laborit, dans *l'Inhibition de l'action*[1], explique scientifiquement ces phénomènes.

Sans y revenir, soulignons l'essentiel, qui est de comprendre l'un de leurs aspects majeurs, à notre sens la plus importante découverte de notre temps, parce qu'elle est la plus fortement porteuse d'espoir : la violence, l'agressivité, l'indifférence ne sont pas des comportements initiaux et normaux chez l'homme.

Ils ne sont que la manifestation, l'expression, d'un état de l'être humain qui, n'ayant pu trouver la satisfaction de son plaisir dans son environnement, accède à une situation d'inhibition d'action qui le conduit à l'indifférence ou à l'intolérance. Ces deux attitudes sont l'*effet* et non la cause d'un état.

Imaginons dès lors l'incroyable richesse que détient entre ses mains tout individu responsable, par exemple, un chef de famille, un chef d'entreprise, un élu d'une cité, un gouvernant.

Il lui suffit d'observer, d'essayer de comprendre ce qui se produit autour de lui dès qu'il voit apparaître un comportement d'indifférence ou d'agressivité ; il sait qu'il lui incombe, telle est en effet sa charge, d'aller au fond des choses et de les disséquer afin de savoir pourquoi il existe un phénomène d'inhibition d'action chez tel ou tel individu.

Il a la mission de diagnostic et la responsabilité du remède.

Qu'y a-t-il de plus noble ?

Cette méthode m'a d'ailleurs permis, à titre personnel, de comprendre pourquoi, à un moment donné, il y eut dans une entreprise une grève qui dura. La raison tenait à une accumulation d'insatisfactions, d'incompréhensions et de

---

1. Paris, Éd. Masson, 1979.

ces petites choses qui s'entassent avec le temps et qui avaient fini par créer, chez les femmes et les hommes, une addition d'états individuels d'inhibition débouchant sur un acte collectif dont la plupart d'ailleurs comprenaient mal la signification profonde.

Appliqué à une société, ce phénomène conduit à parler de « société bloquée », alors qu'en réalité il s'agit d'autre chose.

Et la guerre, dira-t-on ? Et les révolutions ? Et les violences, terroristes ou non ?

Leur survenance n'est-elle pas en contradiction avec ces thèses ?

Là encore, il ne me paraît pas sans intérêt d'évoquer les travaux de biologistes contemporains pour y trouver des éléments de réponse. En ce cas particulier, Ruffié, dans son remarquable et monumental ouvrage *le Traité du vivant,* décrit le phénomène de la vie. Dans son introduction, il a une phrase percutante qui retentit comme un coup de tonnerre aux oreilles des adeptes du dictionnaire des idées reçues : « Darwin s'est trompé. »

Les recherches patientes accomplies au cours de ces dernières années sur les lieux mêmes où vécut Darwin, dans le Pacifique, aux îles Galapagos, ont abouti à une découverte : l'évolution des espèces ne se ferait pas selon le processus de sélection naturelle des faibles par les forts. Cette élimination répond au même principe que celui que Laborit a mis en lumière ; elle est un accident de parcours, la manifestation d'une cause plus profonde liée à un autre état.

L'évolution des espèces vivantes, c'est-à-dire les unités de reproduction mâles et femelles qui s'implantent dans une niche écologique donnée, se ferait par adaptation à l'environnement et non par élimination.

Ruffié ajoute d'ailleurs une donnée intéressante. Sur le darwinisme, dit-il, deux systèmes économiques ont posé leurs fondations : le marxisme d'un côté, avec sa conception de lutte des classes ; le capitalisme de l'autre, avec la formulation *struggle for life to make money,* la lutte pour la vie afin de faire de l'argent.

Si l'on considère que l'expression d'agressivité que l'un et l'autre des systèmes contiennent est en fait *contre-nature*, tous les espoirs sont permis pour que s'ouvrent d'autres voies pour l'homme.

La philosophie retrouve dès lors sa place.

Le renouveau de la philosophie.

Qu'est-ce que la philosophie, sinon la quête de la sagesse ?

Qu'est-ce que la sagesse, sinon la quête de l'harmonie individuelle et collective ?

Et qu'est-ce que l'harmonie individuelle, sinon l'équilibre biologique ?

Face à un tel constat, le philosophe ne peut qu'adhérer de toutes ses fibres, de toute sa croyance, au choix qui est fait.

Il sait depuis toujours que ce qui est en haut est comme ce qui est en bas ; le magnifique tableau de Raphaël, dans la chapelle Sixtine, l'illustre merveilleusement. On y voit deux hommes descendre les marches d'un temple en construction ; l'un d'eux a le doigt dirigé vers le sol et, l'autre, le sien levé vers le ciel. Le philosophe a le sens de la relativité. Il sait depuis toujours que ce qui est en haut est comme ce qui est en bas. De là procède toute la réflexion philosophique qui est, étymologiquement, la quête de la sagesse. Or, la sagesse ne commence-t-elle pas par la claire conscience de la relativité ? On comprend ce que voulait dire Mao Tsé-toung lorsqu'il déclarait à ses officiers, pendant la Longue Marche, que pour 800 millions d'habitants, 100 000 hommes armés suffisaient. Le père de la révolution chinoise mesurait parfaitement la force des idées. Il savait qu'elle est supérieure à celle des armes, que les minorités agissantes peuvent bousculer l'Histoire. Notre Révolution aussi en fournit un exemple frappant. Elles sont plus fortes que les masses, dès lors que celles-ci n'ont pas d'idéal, de motivation ou que, disciplinées, sans réflexion sur leur propre destin, elles marchent au doigt et à l'œil.

Avec le temps, l'obstination, la patience, on réussit. Mao Tsé-toung a gagné, c'était en 1949, et l'ordre du monde en a été bouleversé, comme ce fut le cas en 1789, en France, ou en 1917, en Russie. Raphaël à Rome, Mao Tsé-toung en Chine, l'un et l'autre à leur manière avaient le sens des contradictions : la progression des individus, les progrès de l'humanité résultent du frottement, de la confrontation des idées contraires ; l'équilibre instable des situations procède du heurt, si possible pacifique, des pouvoirs et des contre-pouvoirs.

Il est sage d'admettre cela. C'est la condition d'une quête fructueuse de l'harmonie individuelle et collective à laquelle nous invitent les philosophes. Aujourd'hui, la philosophie prend tout son sens, reprend ses droits, puisque nous savons désormais que l'harmonie individuelle résulte de l'équilibre biologique. Alors, grâce aux acquis de la biologie, ce qui était vrai hier ne l'est plus aujourd'hui et ce qui est vrai aujourd'hui peut ne plus l'être demain, dès lors qu'une découverte aura ouvert d'autres horizons et inversé l'ordre des choses. Cela peut conduire au progrès, si l'homme utilise à bonne fin ses connaissances nouvelles.

Le philosophe sait que le cercle de la vie est représenté par le serpent, au travers des ans, des religions et des civilisations : « Le serpent, dit Tertullien, change sa peau et l'âge qu'il tient de la nature : aussitôt qu'il a pressenti la vieillesse, il s'enferme dans un passage étroit, y laisse sa peau ridée tandis qu'il s'y glisse et, dépouillé de lui-même dès l'entrée, ne sort de sa caverne que brillant et rajeuni. » Dans ce cercle de la vie s'inscrivent deux triangles, interpénétrés, dont la pointe en bas, de couleur noire, représente « l'homme la tête en bas », et l'autre, de teinte blanche, sur sa base solidement tenu, au niveau de l'intersection des deux formes géométriques idéales, par les mains de l'homme redressé, là où se réalise, au niveau de l'eau qui remplit la moitié du cercle, l'équilibre juste et parfait. Tout le symbolisme du monde s'y retrouve, y compris le yin et le yang, qui nous rappelle que chaque être porte en lui-même ses contradictions principales et secondaires et que leur confrontation est la condition de son évolution vers plus d'humanité. Tout y est : la reconnaissance du droit à l'erreur, la limitation de la connaissance et des possibilités d'action qui frappent d'insuffisance la condition humaine. Le philosophe sait qu'il ne sait rien. Pour lui, la vie poursuit son cycle de répétitions éternelles, de naissance et de mort, mais ces répétitions portent avec elles un potentiel sans limites d'amélioration de soi, pourvu que l'homme exerce, pour le temps qui lui est donné, sa liberté d'améliorer les choses, d'aller de l'avant, et non ses capacités de destruction. Le futur n'existe pas sans le présent, lui-même porteur du passé. Il n'y a rien de ce que nous faisons qui n'ait sa propre valeur, sa propre vertu.

Chaque pensée, chaque action compte et joue un rôle dans le déroulement de l'existence, sans pour autant que nous en ayons la maîtrise absolue. C'est pourquoi depuis si longtemps, depuis que je me suis plongé, comme tant d'autres, dans le tourbillon du monde, il m'est apparu nécessaire, évident, de consacrer ma vie, de toute la tension de mes forces physiques et morales, à contribuer sans relâche à cette immense tâche : amélioration de soi, amélioration des autres, progrès de ceux avec qui je travaille ou pour qui nous travaillons. On me dira peut-être que tout cela n'est qu'utopie, rêve, irréalisme. Je ne le crois pas, et tout ce que j'ai entrepris me pousse à penser le contraire. Oui, bien sûr, la tâche est difficile. Qui prétend autre chose ? Sans doute pas moi, qui ne la conçois pas autrement que comme un effort permanent, une démarche volontaire, de tous les instants, qui ne souffre aucun relâchement. On appellera cela comme on voudra : recherche du bien commun, effort vers le bien. Être homme ou femme de bonne volonté, certes, mais femme ou homme de bien, n'est-ce pas mieux ? Telle est, en tout cas, ma conviction, l'esprit qui m'anime, la volonté qui est la mienne. Peut-on me reprocher d'essayer de la mettre en pratique, de la faire partager, là où je suis, avec les miens, dans ma famille, dans ma ville, dans mon entreprise, dans tout ce qui me permet d'entrer en relation avec les autres ? Ceux qui me connaissent savent le plaisir que j'y prends, l'ardeur que j'y mets, l'enthousiasme que j'y déploie. C'est cela, pour moi, la vie en société, tout sauf le repli sur soi, la conscience claire, si possible, de mes pulsions, de mes passions, de mes exigences, de mes limites aussi et la confrontation de ce que je porte en moi avec le monde et les gens qui m'entourent, en essayant de faire bien, de faire le bien pour progresser, avec les autres.

On me dira que tout cela nous a conduits bien loin de la biologie et de la philosophie. Eh bien non : la quête de la sagesse, l'essence même de la philosophie, implique la foi en l'homme, dont il ne faut jamais désespérer, même aux pires moments. Souvent je pense à Charles de Gaulle, dans la solitude de son 18 Juin, loin du sol natal envahi par la barbarie, meurtri par l'infernale machine nazie qui venait de déferler sur lui et d'anéantir ses dernières résistances : fallait-il ne pas désespérer de l'homme, ne pas désespérer des Français, ne pas désespérer de la France pour oser ainsi, à la face du monde, sans autre légitimité que cette foi inébranlable, affirmer le triomphe inéluctable de la liberté, de la démocratie, sur la force brutale et le totalitarisme ? Et ceux des camps, Buchenwald, Dachau, Mauthausen, d'autres encore, quelle foi en l'homme leur a-t-il fallu pour survivre malgré leurs bourreaux et, déchirés, meurtris dans leur chair et leur âme, sans jamais oublier, se réconcilier avec un peuple qui s'était laissé emporter si loin par ses mauvais génies ! Et nous, aujourd'hui, même si c'est difficile, nous abdiquerions, nous renoncerions à philosopher, c'est-à-dire à garder intacte cette foi en l'homme qui nous confronte à une exigence permanente, rassembler ce qui est épars, pour gagner les trois paris de notre époque : le pari de la liberté sur la sécurité ; celui de la paix sur la violence ; celui, enfin, de l'homme sur la société ? Nous renoncerions, alors que nous avons les moyens de réussir ces paris, dès lors que la biologie nous apprend que la liberté, la paix, l'homme, peuvent chacun l'emporter sur la sécurité, la violence, la société, à condition que soit réalisé l'équilibre biologique des individus ? Non, il ne faut pas baisser les bras. D'autres que nous ont connu des situations bien plus difficiles.

Mais il ne faut pas non plus simplement lever les bras au ciel et attendre je ne sais quel miracle. Notre destin est entre nos mains : histoire, biologie, philosophie conjuguent leur savoir pour nous montrer la voie, celle de l'espérance, dès lors que l'on donne à l'homme d'aujourd'hui, dans le monde tel qu'il est, une éthique, boussole indispensable pour s'y retrouver et avancer.

Une éthique pour l'homme d'aujourd'hui.

Le troisième millénaire frappe à notre porte. Demain, il sera là et, dès aujourd'hui, aucun être humain ne peut se contenter d'être spectateur, même s'il le veut. Il est en permanence acteur. L'individualisme des petits pois dans un bocal n'est pas acceptable. L'image est triviale. Je la crois pourtant plus explicite que de longs discours : lorsque vous ouvrez le bocal et le renversez sur un plateau, retournez le plateau et les petits pois se répandront, sans lien entre eux, sur le sol. C'est ainsi que Sartre avait brocardé l'individualisme du XIXe siècle ; il n'avait pas tort. Poursuivons dans les métaphores : en revanche, coupez en deux une grenade, ce vieux fruit de l'Égypte, retournez chacune des parties en direction de la terre, aucun grain ne tombera, à cause du tissu naturel qui les retient serrés les uns contre les autres. Soyons donc les grains de la grenade et considérons que la notion de solidarité, sans adjectif qualificatif, est, sinon une donnée de l'Histoire, du moins un impératif catégorique, lié à la nature des choses, en tout cas certainement une obligation matérielle et morale.

Pour quoi faire ? Le philosophe rejoint encore ici l'historien et le biologiste. Si, comme le dit Laborit, la fuite est digne d'éloge, face à l'indifférence et la violence, elle n'est pas nécessairement une solution, même si l'on peut admettre qu'elle ait un objectif. L'historien a son mot à dire, et je me hasarderai à comparer la pensée occidentale et la pensée indienne, sur leur vision de la vie et du monde.

L'affirmation occidentale de la vie et du monde est l'attitude de l'homme qui dit « oui » à la vie et au monde. Considérant la vie telle qu'il en prend conscience et telle qu'il la perçoit dans son univers, il l'estime comme une valeur en soi, et s'efforce en conséquence de la maintenir, de l'amener à sa perfection et de lui assurer son plein épanouissement. La négation indienne de la vie et du monde est, au contraire, l'attitude de l'homme qui estime la vie dépourvue de sens et pleine de souffrance. L'existence ne lui paraît alors qu'un jeu auquel il est forcé de prendre part, ou qu'un pèlerinage mystérieux et douloureux, à travers le temporel, vers la vie éternelle où il accédera à l'harmonie. L'attitude de l'Occidental, en revanche, comporte le devoir de servir son prochain, la société, l'humanité, de se dévouer en général à tout être vivant et de faire preuve dans toute son activité d'un tenace espoir d'amélioration. Il est curieux de voir comment, à travers l'Histoire, ces deux pensées se sont interpénétrées puis séparées et complétées.

Ainsi, à la fin de l'Antiquité, la pensée gréco-orientale et la pensée chrétienne s'unissaient en une commune négation du monde. Jusqu'à la fin du Moyen Age, la pensée européenne restait sous l'influence prépondérante de cette négation. L'Européen plaçait alors au premier rang de ses préoccupations celle de son salut, sans véritablement s'intéresser à l'amélioration de la vie sociale, à la préparation d'un avenir meilleur. La Renaissance et les siècles qui suivent voient, en revanche, triompher l'affirmation de l'homme. Le renversement des valeurs car il s'agit bien de cela — conduit à la foi dans le progrès, et à l'action. Ainsi voit-on commencer, au XVIIe siècle, l'ère des grandes réformes sociales d'où la société contemporaine est née. Dans la pensée de l'Inde, comme dans celle de l'Occident, l'affirmation et la négation du monde coexistent : dans celle de l'Inde, l'attitude négative prédomine ; dans celle de l'Occident, l'attitude positive l'emporte.

Le rapide survol de deux pensées fondamentales pour l'humanité, à travers les siècles, a montré qu'il y a toujours eu chez l'homme une dualité : d'une part, une tendance à se replier sur soi, à la manière de l'Indien, sur son temple intérieur, pour ne pas entendre les bruits du forum et acquérir plus de connaissance en se donnant ainsi les moyens d'accéder à l'harmonie ; d'autre part, une autre tendance à engager un débat d'idées avec les autres, à la manière des Grecs, afin de contribuer à son propre perfectionnement. Les conditions de réalisation de l'harmonie, de l'équilibre biologique, donc de l'élimination progressive de l'abandon, de la résignation, de l'indifférence d'un côté, de l'agressivité, de la violence, du terrorisme et de la guerre de l'autre, passent par une véritable révolution humaine et par ce que nous pourrions appeler la réintégration de l'éthique au premier rang de nos préoccupations. Le principe fondamental d'une telle éthique est le respect de la vie, vis-à-vis de nous-mêmes et des autres, en nous dévouant à eux, pour les aider à conserver et à améliorer leur existence, à « se développer ».

Notre vie est née d'une autre vie et engendre d'autres vies. Nous n'existons pas uniquement pour nous-mêmes, d'autres existences participent de la nôtre et la nôtre de la leur. Nous en sommes solidaires, par-delà la famille, l'entreprise, la cité, la nation, jusqu'à l'humanité entière. C'est la connaissance de notre responsabilité envers tout ce qui vit qui devrait commander tous nos actes, dans notre existence quotidienne. Les accidents de parcours qu'elle comporte nous rappellent à chaque instant qu'elle est brève, combien elle est précaire, fragile, soumise aux aléas les plus divers, au jeu de forces qui souvent nous dépassent et que nous ne maîtrisons pas. Alors, pour ce qui nous concerne, ce sur quoi nous avons prise, sachons contribuer à rendre heureux notre prochain, notre *alter ego*, en lui donnant la considération qui convient, au sens le plus large du terme. Qu'est-ce que l'authenticité de l'être humain, sinon la correspondance entre ses actes et ses affirmations ? Lorsque la pratique coïncide avec l'éthique, cette authenticité devient alors le moyen de concilier l'évolution de nos sociétés avec ces deux impératifs en apparence contradictoires, sans que l'un l'emporte sur l'autre : la sécurité et la liberté. Responsabilité, solidarité, sécurité et liberté, ces quatre mots peuvent constituer la devise de toute société contemporaine digne de ce nom.

Il m'arrive souvent de me demander comment j'ai intégré, dans ma démarche personnelle, de manière quasi automatique, ce que je considère comme un schéma de recherche indispensable à la solution des problèmes humains. Je l'ai dit en écrivant ce que fut jusqu'ici ma vie : la solidarité s'est imposée à moi dès l'enfance comme une nécessité, dans les monts du Morvan, parmi ces populations rudes et loyales, dont elle constitue le réflexe naturel. Ce sont des gens de cœur et de parole. La franc-maçonnerie, en m'enseignant le sens de la relativité des choses mais aussi de l'importance des êtres, m'a certainement renforcé dans ma conviction qu'elle constituait une règle de conduite vitale dans nos sociétés tourmentées. La responsabilité est un principe qui s'enseigne. Elle est aussi le lot de ceux qui commandent. Commissaire de police pendant la guerre d'Algérie, j'ai appris à être responsable, et dans le corps préfectoral aussi, d'une autre façon. Et puis, tout simplement, être chef de famille, avoir des enfants, c'est, dans la joie et la peine, assumer sa personnalité, exercer des responsabilités.

Je ne peux porter témoignage que pour moi, mais de tout cela découle, me semble-t-il, la liberté, cette incomparable faculté de pouvoir, par l'expérience, se libérer des contraintes, affirmer son droit, dire en tout temps, en tout lieu, en toutes circonstances, son accord ou son désaccord. La liberté est multiple, ses facettes sont diverses, ses modes d'expression différents : liberté de penser, de s'exprimer, d'aller où bon vous chante, de vous réunir avec quelques amis, quand vous le voulez, sans être ni soupçonné ni dénoncé. Quel bien est plus précieux que celui-ci ? On en oublie facilement les bienfaits lorsqu'on en dispose mais, quand on en est privé, par les hasards de l'Histoire ou les aléas de la vie, alors, on en perçoit tout le prix, toute la richesse, toute la nécessité. Lorsque, sous l'occupation allemande, j'ai eu peur pour mon père, consigné à son poste pendant plusieurs semaines sans que je puisse aller l'embrasser ; lorsque je me souviens des précautions que prenaient mes parents pour écouter « la voix de Londres », alors je pense au goût amer de la contrainte, je savoure la douceur de la liberté et retrouve la volonté de la défendre, comme on le fait d'un être cher, jusqu'à mes dernières forces, car sans elle, la vie ne vaut d'être vécue. Quant à la sécurité, l'expérience de la vie m'a permis d'en comprendre la valeur, dans le Morvan où vivaient les maquis de la Résistance et où parfois tombaient des bombes, où brûlaient des villages ; pendant les années 1956-1962, lorsque, en Algérie ou en France, des bombes explosaient, faisant sauter des drugstores ou des installations pétrolières, détruisant des vies humaines, mutilant des corps, déchirant des familles qui jamais n'oublieront, comme je n'oublierai jamais le choc du terrorisme, en 1985, lorsque le magasin de la FNAC Sport fut détruit partiellement à la suite d'un attentat ou, en ce septembre noir de 1986, lorsque, tout près de nous, la mort frappa aveuglément les clients, hommes, femmes, enfants du magasin TATI. Des dizaines de victimes ont fait les frais, dans leur chair, de l'insécurité. Alors, oui, la sécurité me paraît être le corollaire indispensable de la liberté. L'une ne va pas sans l'autre. La révolution humaine qui reste à faire consiste à intégrer ces données comme instrument de réflexion et d'action. N'est-ce pas le sens de ce que déclarait David Bohm, physicien anglais, dont je reprends bien volontiers à mon compte les analyses ?

« Il est essentiel qu'il y ait un progrès dans la conscience de l'homme, car on ne peut même pas éduquer correctement les enfants puisque nous leur transmettrons nos vieilles structures mentales et elles sont périmées. Chacun doit commencer par soi-même. En effet, s'il y avait un nombre suffisant de gens à l'esprit clair et droit capables de comprendre ça et de changer véritablement dans le bon sens, ils créeraient une énergie incommensurable qui agirait sur la société. Détruisons les préjugés. Alors, ce qui paraît impossible aujourd'hui deviendra possible. Nous croyons que toutes choses sont différentes ; en fait, expérimentalement, il n'y a aucune différence, c'est seulement notre façon de penser qui nous les fait appréhender comme différentes. La perception que nous avons des êtres et des choses est une réponse à une certaine structure du système nerveux qui, en retour, répond lui-même au monde extérieur et au monde intérieur. Mon sentiment est que l'on n'a pas su se servir correctement de notre cerveau depuis des milliers d'années et c'est pourquoi nous sommes aujourd'hui dans une telle confusion et incapables de comprendre. Il nous faudrait une intelligence supérieure que nous ne trouvons ni en politique, ni en économie, ni en industrie, excepté de-ci, de-là. Par exemple, nous tenons à des programmes rigides tels que nationalisme, idéologie, et c'est pourtant ce qui a causé tant de guerres depuis des milliers d'années. Tant que ce seront nos seules valeurs, il n'y a aucune solution à nos problèmes. Il nous faut des idées nouvelles, car le vieux monde s'écroule. »

Oui, il nous faut des idées nouvelles, et elles sont à portée de main, pourvu qu'on se donne la peine de réfléchir, de regarder autour de soi, de voir plus loin que le bout de son nez. Ces idées, j'en ai esquissé à grands traits les lignes de force : la démarche scientifique rejoint le spirituel et, la grande révolution de demain, c'est l'unité du spirituel et du scientifique. Les choix de l'homme par rapport à la société, de la liberté par rapport à la sécurité, de la paix par rapport à la violence, impliquent, de la part de toutes les citoyennes et de tous les citoyens, et plus particulièrement, des « princes qui nous gouvernent », une démarche permanente de recherches et d'actions communes visant à unir plutôt qu'à séparer les êtres entre eux. Il faut qu'ils mettent, que nous mettions, dans nos propos et dans nos actes, plus de considération, de générosité, de compréhension et d'amour. Ce n'est pas le rêve de l'impossible, et peut-être est-ce plus simple qu'on ne le croit : dès l'instant où chaque personne considère l'autre, les autres, comme représentant en eux la totalité des êtres humains, une bonne part du chemin est accomplie. Ce n'est pas seulement une attitude souhaitable, c'est un comportement possible et nécessaire. C'est, soyons-en convaincus, la condition de notre survie. Or, et cette responsabilité nous incombe à tous sans distinction de place ou de hiérarchie dans la société, il ne dépend que de nous de saisir notre chance. L'homme, il le sait aujourd'hui, a davantage de raisons d'espérer : son acquis, ce qui dépend de lui, de ses efforts pour s'enrichir en connaissances nouvelles l'emporte sur l'inné, ce que nous avons reçu de nos parents et que nous portons en nous, sous forme de « donnée génétique ».

Voilà quelques notions. Je les crois fondamentales, et ces connaissances font désormais partie de notre bagage, de notre bien commun. Un instant, encore, avant d'évoquer par-delà la conscience, la connaissance, ce que sont pour moi les voies de l'action ; à l'orée du troisième millénaire, jetons un regard ému vers le passé, un passé lointain qui ne peut nous laisser indifférents, au fin fond des siècles, quatre mille ans avant Jésus-Christ. L'épopée suméro-babylonienne de Gilgamesh retrace ou préfigure dans une vaste fresque les différentes étapes de la vie des hommes. L'amour y devient l'initiateur de la civilisation, le mobile de tous les dévouements voire de l'héroïsme. C'est l'amour qui transforme Enkidou, l'homme des bois, force brute, en un être intelligent, civilisé... Il devient l'ami de Gilgamesh et l'accompagne dans sa lutte contre le gardien des Cèdres. Ensemble, ils prient avant le départ : « O Dieu Soleil, étends sur nous ton ombre protectrice. » Gilgamesh tuera le gardien, mais Enkidou, innocent, sera mis à mort et Gilgamesh de pleurer son ami : « O toi, l'innocent, pourquoi es-tu mort ? » Effrayé, inconsolable de la mort de son ami, Gilgamesh part à la recherche du « breuvage d'éternité ». Il veut sauver Enkidou, il veut vivre, et c'est bien une véritable épopée... Il demande à tous : « Qui est maître de la vie ? » La nymphe lui répond : « La vie est dans la main des dieux. » « Que faire pour vivre ? » dit-il. Un magicien lui révèle qu'« une plante pousse dans les océans, son épine, comme celle de la rose, piquera tes mains, mais si tes mains peuvent l'arracher, tu auras la vie éternelle ». Et Gilgamesh part, affrontant les dangers, « il prend le chemin du soleil et ne rencontre que ténèbres » et finalement un déluge. Là, Ea, la parole de Mardouk, roi de Babylone, le conseille ; sur son ordre, il construit un navire, y introduit tout ce qu'il a et traverse le déluge. Il réussit à arracher la plante, mais un serpent jaloux la lui ravit.

Les thèmes se profilent : puissance de la parole, « dire, c'est faire » ; la mort de l'innocent ; la force de l'amour ; l'œuvre jamais achevée ; la permanence de la tension et de l'effort... Il n'est pas d'action qui ne fasse appel à ces ressorts profonds, il y a si longtemps à Sumer, aujourd'hui et demain, à Paris, en France, en Europe, dans le monde.

IV

Le fil directeur

Connaissance, conscience. Ainsi, me voici arrivé à la phase ultime de ce cheminement qui a toujours été le mien. Pourquoi le nier — et d'ailleurs la réalité est là pour en témoigner —, je suis un homme d'action.

Chacun conçoit sa vie comme il l'entend et, pour ma part, je ne peux la concevoir autrement. Mes expériences personnelles, ce que j'apprends dans les livres, au contact des autres, au cours des voyages que j'entreprends, fussent-ils d'agrément, tout cela n'a pour moi de sens que tendu vers l'action, la mise en œuvre, là où je suis, des convictions que je me forge ainsi, au fil du temps qui passe, et qui s'enrichissent de multiples apports. C'est ainsi que j'exerce ma liberté, celle d'un homme de son temps, confronté aux réalités de son époque et se « colletant » avec elles, avec la ferme volonté d'y imprimer — modestement mais avec détermination — ma marque. Comme un enfant avec une pâte à modeler, je crois profondément que le réel est malléable, que malgré les contraintes de toutes sortes, et je sais combien elles sont nombreuses et pesantes, il est possible, à force de volonté, d'obstination, d'ambition mesurée, d'influer sur le cours des choses, de refuser la soumission aux états de fait, à l'état des choses, à la fatalité. Mais, ainsi que je l'ai dit, l'action qui est la mienne, je ne la conçois pas en fonction de ma satisfaction personnelle

— même si les plaisirs que j'en éprouve, qu'elle me procure, ne sont sans doute pas étrangers à l'ardeur que j'y mets —, mais comme une action avec les autres, pour les autres, dans ma famille, avec ceux qui me sont chers, dans ma ville ou mon entreprise. Je ne vais donc pas à l'aveuglette, le nez collé sur l'événement, mais en fonction d'une ligne de conduite, d'un *fil directeur* qui me guide dans les décisions que je prends, d'une éthique forgée peu à peu, au gré de mes expériences, de mes contacts, de mes lectures.

C'est lui qui m'inspire, dans les responsabilités qui sont les miennes, et qui me conduit, aujourd'hui, à m'exprimer sur les grands sujets de société qui me tiennent à cœur et me semblent conditionner l'avenir de l'homme et de l'humanité. Comment, homme de ce siècle, engagé dans un tourbillon quotidien, ne serais-je pas porté, à l'heure de la maturité tranquille, à dire dans quelles voies il faut s'engager pour que chacun tienne sa place, et la meilleure possible, dans une société complexe qui exige, pour qu'elle soit vivable, la participation du plus grand nombre ?

Le fil directeur.

« Jamais nous n'avons été aussi libres que sous l'occupation allemande », écrivait Sartre le jour même de la libération de Paris, le 24 août 1944. La liberté — pour l'existentialisme contemporain — reste totale et inconditionnelle. On peut toujours CHOISIR. « En un sens, on choisit même sa naissance », puisqu'on peut, par exemple, se suicider pour ne pas vivre en son temps.

Or, dans la conscience de l'homme d'aujourd'hui, pour

la première fois sans doute depuis l'éveil de la vie sur terre, nous tenons entre nos mains les leviers essentiels de la révolution humaine à accomplir.

L'affaire fondamentale est d'assurer le plus rationnellement possible le progrès du monde dont nous faisons partie. Ce n'est plus seulement, comme jadis, de notre petit microcosme qu'il s'agit, de notre environnement proche et familier — individu, famille, cité, pays —, mais, sur cette planète que les transports et les moyens de communication ne cessent de rétrécir, tandis que le nombre de ceux qui l'habitent ne cesse de croître de façon exponentielle, du salut de la terre tout entière et de l'humanité dans son ensemble.

Comment devons-nous, hommes d'aujourd'hui, organiser pour le mieux, autour de nous, l'entretien, la distribution, le progrès de l'énergie humaine, sinon en visant à ce que chaque homme et chaque femme qui la composent atteigne la plénitude de son efficience et de sa personnalité. Il faut en avoir claire conscience : l'égoïsme, le repli sur soi, frileux ou agressif, dans le monde d'aujourd'hui, ne sont qu'utopie : chaque être est interdépendant des autres et les conditionne. Il fait partie d'eux, comme il fait partie intégrante du tout, c'est-à-dire de l'univers.

Je sais bien que, pour l'homme qui ne voit rien au bout du monde, au-dessus de lui, la vie quotidienne est pleine de petitesses et d'ennuis. Et pourtant, cet horizon-là, il faut le dépasser, comme il faut dépasser un point de vue strictement individuel.

Pour la première fois de sa vie, l'homme est chargé du fardeau de la responsabilité la plus lourde qui soit. Il ne peut ignorer (et n'en saurait revendiquer l'excuse) que le moindre de ses actes a des répercussions sur le devenir des autres humains et de l'humanité.

L'homme, dans son action personnelle, est dépositaire

d'une charge positive, d'amélioration sociale, ou négative, de nuisance collective, en fonction du choix qu'il fait. Il a de plus en plus clairement conscience de tout ce qui est et de tout ce qui se peut, il est un acteur de l'humanité, d'un monde qui se construit.

IL PEUT, S'IL VEUT. Les circonstances font que, pour sa propre survie, et pas seulement pour des raisons morales, il ne peut se permettre, par négligence ou insouciance, de ne pas faire ce qu'il faut faire, dans un environnement en détresse et en attente, où il baigne lui-même et où baignera sa descendance.

SON SAVOIR A TUÉ SON INNOCENCE. Quel monde allons-nous léguer à ceux que nous mettons au monde, à ces enfants que leurs mères serrent dans leurs bras, à ces adolescents qui se pressent dans nos écoles ? Telle est notre responsabilité, et nul ne peut y échapper. L'histoire des civilisations nous a rappelé fort opportunément qu'elles peuvent disparaître et que cette disparition se marque par la mort ou l'esclavage de millions d'êtres humains.

Au lendemain de la Seconde Guerre mondiale, singulièrement en France, une génération forte d'écrivains et de philosophes a tenté de sensibiliser ses concitoyens à l'inquiétude qui l'étreignait, parlant d'« Occident en péril », de « crise de la civilisation occidentale », de « crise du rationalisme ». Les uns et les autres se sont attachés à proposer des solutions qu'ils recherchaient tantôt dans l'action, tantôt dans un retour à la religion ou dans la fraternité communautaire, parfois dans l'art ou la moralisation de la science.

Ces courants de pensée, féconds bouillonnements d'idées, ont eu le mérite de nous faire réfléchir sur les réalités contemporaines. Que nous ont-ils dit, simplement, sinon que rien n'est plus à sa place : la valeur des choses n'est plus la même ; les rapports des hommes entre eux sont bouleversés ; l'idée même que l'on peut se faire de l'univers et de ses lois a subi des détours si brusques qu'il n'est pas jusqu'au fondement ébranlé. C'est « le grand chambardement », comme le chantait Guy Béart, faussement ingénu, il y a quelques années. Deux guerres — et quelles guerres ! — ont, en cinquante ans, changé la face et l'équilibre du monde.

Depuis lors, nous n'avons pas écarté les menaces qui peuvent mettre en cause l'avenir de notre civilisation, même si la paix règne dans quelques régions du monde, abritées sous le parapluie nucléaire, tandis que, hors de ce champ, tant de conflits de toutes sortes ensanglantent encore la planète. Ces menaces viennent du dehors, mais aussi du dedans et notamment d'un risque majeur d'asservissement de l'homme à la technique. Or, il faut que la technique soit au service de l'individu et non pas celui-ci au service de la technique.

Le refus du passé, l'incertitude de l'avenir mènent, faute de solutions rapides, à la névrose, à l'angoisse, à l'acceptation passive ou masochiste des rapports dominants/dominés. Plutôt que de prendre des responsabilités, car la décision de choisir comporte des risques, on laisse à d'autres le soin de le faire à sa place et l'on devient un assisté. Dans une sorte de capitulation intellectuelle, l'homme abdique ses facultés créatrices et trouve refuge dans l'asservissement au père, au chef, au guide, fût-il librement élu. L'homme dit « sapiens » devient ainsi réceptif à tous les conditionnements : les sagas les plus diverses, les dogmes les plus hétéroclites, les vulgates les plus élémentaires l'imprègnent jusqu'au subconscient, alors même qu'il se croit libéré. Tous les moyens modernes, mass media, dynamique de groupe, rendent aisée la dictature de l'information.

Nous voici entrés dans l'âge de la machine. Et cet âge a

coïncidé avec une politique de dilapidation forcenée des richesses naturelles du monde, sans aucun souci de ménager l'avenir. A court terme, cela peut paraître positif. Il en résulte une impression d'enrichissement subit et démesuré, impression amplifiée par le décalage croissant entre l'ampleur des besoins et les moyens de les satisfaire. Mais ce faisant, cette civilisation gaspille son capital, et ce n'est pas Tchernobyl qui peut nous inciter à penser le contraire.

Dans le même temps sont bouleversées les notions d'espace et de temps. L'espace n'est plus un obstacle aux relations humaines. Cette donnée nouvelle a totalement modifié les communications d'un point à un autre du globe, au plan de la production, de l'échange des idées et des produits.

Nous sommes parvenus au moment crucial. Les structures économiques et sociales se transforment, mais les conséquences en sont inquiétantes : chômage, inflation, entre autres.

Le temps, lui aussi, semble accélérer sa marche et celle de l'Histoire : en cinquante ans, le temps qui sépare une découverte de son application est passé de trente-six ans à deux ans, voire moins. Et, alors que tout se bouscule, la radio, la télévision, la presse contribuent à « orienter » les esprits, voire à désinformer, sans toujours aider à développer l'esprit critique. En effet, trop souvent le phénoménal, le scandaleux, l'exceptionnel deviennent choses normales, habituelles, banales. Notre paradoxe, chacun le connaît, c'est la carence informative par excès.

L'embouteillage, le travail de tri, d'analyse, de vérification de l'information demandent un effort cérébral soutenu que, par incapacité, manque de formation, blocage affectif ou plus simplement paresse ou manque de temps, peu d'entre nous effectuent.

Cela est grave dès l'instant où le citoyen est conduit à

accepter pour vrai, à prendre pour argent comptant, ce qu'il lit ou entend, sans avoir le loisir ou le réflexe de douter. Où est l'une de nos vertus essentielles, l'esprit critique ? La passivité l'emporte, l'homme se laisse intoxiquer, devient passif, objet et non sujet. Alors, inévitablement, naît la tentation totalitaire : puisque l'homme est mû d'impérieuse façon par le désir de bousculer les lois biologiques, au point de compromettre la survie de l'espèce humaine, puisque son action aveugle peut mettre en péril les impératifs de la nature, pourquoi ne pas revenir en arrière, au temps où la nature n'était point menacée parce que, par exemple, la mortalité infantile, les épidémies et les guerres suffisaient à assurer l'équilibre démographique mondial ? Et s'il faut, pour cela, faire taire la morale par le conditionnement de masse ou la trique, on nous dira encore que c'est légitime, que là est l'intérêt de la société.

Nous devons, à cela, dire non. Il faut accepter le combat difficile et mesuré qui doit permettre d'accomplir les vœux les plus nobles de l'âme humaine tout en prenant les précautions nécessaires pour que les règles naturelles ne soient pas dangereusement menacées.

Qu'on le veuille ou non, nous sommes tous aujourd'hui malades : de Buchenwald, des camps sibériens, des tortures chiliennes, des massacres cambodgiens, des exécutions massives d'Éthiopie, des sauvageries individuelles camouflées ou non derrière les prétendues nécessités des terrorismes politiques, des guerres que l'on fait encore, chanson à la bouche et fleur au fusil.

Le décalage devient sans cesse plus criant entre les moyens dont l'homme s'est doté pour accroître sa puissance et les exigences sociales de sa conscience. Dès lors qu'une société n'a d'autre idéal que matériel, d'autres objectifs que quantitatifs, d'autres solutions que techniques ou scientifiques, il est vain d'espérer qu'elle soit satisfaisante pour l'homme. Comment le serait-elle, quand elle ne le considère pas autrement que comme une entité objective et concrète, un « facteur économique » ou, pour reprendre une expression de sociologue, « un ramassis de besoins matériels et changeants » ?

Une telle conception de l'homme, réductrice et dépassée, amène naturellement ceux qui détiennent du pouvoir soit à satisfaire ces besoins à tout prix (c'est la version moderne de *panem et circenses*), soit à les limiter de façon autoritaire, au détriment des libertés.

Il faut donc sortir de ce piège et cesser de considérer l'homme seulement comme un objet, en laissant en jachère ses aspirations les plus nobles et les plus désintéressées, celles qui touchent au cœur de l'esprit.

Et comment sortir de ce piège sans une formidable énergie qui unisse entre eux les citoyens du monde et rassemble demain ce qui est épars aujourd'hui ? Je n'en vois qu'une susceptible de répondre à cette exigence : *l'amour.*

L'amour est en effet la force d'union par excellence. Il permet de se comprendre et de se considérer. Il est respect des autres et de soi-même, attachement de l'homme à la chaîne des générations disparues pour tendre vers l'avenir. Il est le ferment de l'évolution culturelle de l'humanité, la base d'une réconciliation qui n'exclut personne et qui ne doit rien à la violence : l'amour, c'est le fil directeur.

Et il ne s'agit pas, en écrivant cela, d'une évocation rêveuse, mais bien d'une déclaration dure, brutale, exigeante, quoique prometteuse. Qu'on ne se méprenne pas sur le sens des mots. Il ne s'agit pas ici de reprendre l'affirmation christique, généreuse et aimable, qui eut, en son temps, en ses lieux, une force inégalable : « Aimez-vous les uns les autres. » Il ne s'agit pas davantage de sombrer dans le rêve ou l'utopie, de prôner une morale, généreuse certes, mais sans effet sur les comportements humains. Non, ce choix — l'amour comme fil directeur —, je le fais avec force. Le monde du troisième millénaire ne se contente plus de cette morale douce. Il a d'autres exigences : « AIMEZ-VOUS LES UNS LES AUTRES, OU VOUS PÉRIREZ. » Tel est l'enjeu de notre temps.

Soyons tous convaincus, nous tous qui sommes engagés, qui avons des responsabilités à assumer, si petites soient-elles, que le monde nouveau nous impose une nouvelle manière d'aborder les problèmes, UN NOUVEAU DISCOURS DE LA MÉTHODE. La révolution humaine, collective, passe par une révolution mentale, individuelle.

Une nouvelle éthique de société est nécessaire. Il faut définir les grandes orientations d'un humanisme à l'échelle de la planète pour que l'homme retrouve en lui-même les forces nécessaires pour exercer sa liberté et ne plus agir contre lui-même, rompre avec ce masochisme universel qui nous fait oublier le passé, gaspiller le présent et insulter l'avenir.

Le bonheur est encore une idée neuve, il faut en explorer les voies et faire confiance à l'individu. Rechercher le bonheur, ce n'est pas simplement satisfaire des besoins végétatifs ou attendre passivement des jours meilleurs. Sa quête doit se faire dans l'action, dans la priorité donnée à l'être sur l'avoir. Cela suppose d'élargir, inlassablement, les espaces de liberté, d'ouvrir de nouveaux champs pour la liberté de dire, de faire et de penser.

A une époque où les droits de l'homme sont en question, une telle éthique s'articule autour des devoirs essentiels qu'a chaque être envers lui-même et envers les autres. Elle impose un engagement personnel, une participation à la vie de la cité en tout temps, en toute heure, en toute circonstance, pour promouvoir les valeurs essentielles de fraternité, de solidarité, de liberté, de justice, de responsabilité, d'amour et de paix.

Le concept d'« homme-citoyen » trouve ainsi sa pleine signification. Il confère à la notion de citoyenneté tout son sens : être citoyen, c'est, en effet, après avoir délibérément choisi le parti de l'homme, accepter d'être assujetti aux devoirs qui découlent de son appartenance à une communauté, de jouir des droits qu'elle confère, partout, dans la famille, l'entreprise, la nation.

La réciprocité des devoirs et des droits conduit à la notion d'égalité juridique devant la Constitution, la loi, les charges publiques, en un mot, devant la règle. Chaque citoyenne, chaque citoyen doit assumer sa responsabilité à l'égard du groupe, au même titre que les autres individus qui le constituent.

Enfin, l'exercice de la responsabilité génère la notion de solidarité. Tout édifice structurel n'existe en effet que si les particules qui le composent sont unies dans l'intérêt bien compris de l'ensemble, que l'on pourrait appeler le bien commun. Le complet exercice de la citoyenneté débouche de ce fait nécessairement sur une structure démocratique, de type participatif, où l'accession à la connaissance et à la conscience fonde et précède l'action. Il exige en tout état de cause la lucidité et la clairvoyance des gouvernants et des gouvernés.

La France, notre vieux et grand pays, parce qu'elle est la France, avec ses faiblesses et ses forces, est bien placée pour être à nouveau le phare culturel exemplaire que le monde attend. C'est sa mission. Il incombe aux Françaises et aux Français de le comprendre, d'y adhérer, d'en faire un combat personnel

Ce combat personnel, qui est aussi un combat collectif, doit commencer dès l'enfance, dans la cellule familiale, cellule de base de l'humanité, celle où le couple assure la perpétuation des générations. Son rôle est à l'évidence primordial, vital, pour l'espèce humaine. Tout commence par l'éducation.

Apprendre à apprendre : le levier de l'éducation.

Dans les premières années de la vie, de la naissance à l'âge adulte, c'est entre la famille et, bien vite, dès 3 ans, l'école, que se joue l'avenir de l'enfant, sa santé mentale, donc son équilibre, et l'accession à la connaissance, donc son insertion dans la société. Il n'est pas d'enjeu plus essentiel que celui-ci. Or, c'est sans doute dans ce domaine de l'éducation que le contraste est le plus grand entre ce qui est fait et ce qui pourrait être fait.

Le premier principe essentiel, trop souvent oublié, qui perturbe tant de vies et compromet l'avenir de tant d'enfants, est qu'il n'est de bonne éducation qu'affective. Les parents ont un rôle à jouer. Ils savent bien quel est le but idéal à atteindre : faire en sorte que l'enfant soit « bien dans sa peau », qu'il apprenne à se prendre en charge peu à peu, au sein de la communauté familiale et affirme son existence individuelle tout en se socialisant, à être lui-même avec les autres, à cultiver son originalité en étant ouvert sur l'extérieur. Apprendre à vivre en société, sans renoncer à son irréductible spécificité : telle est la mission que doivent assumer les parents au sein de la cellule familiale. Mais comment y parvenir s'ils ignorent — et c'est hélas souvent le cas — la façon dont se passent les choses, comment s'organise la vie instinctive et affective dans le cerveau de l'enfant ? Éducation, que de crimes commet-on en ton nom, faute d'en connaître le plus élémentaire des modes d'emploi ! Ce n'est pas la bonne volonté qui manque. Dans notre société — et Victor Hugo en avait eu l'intuition dès la fin du XIXe siècle dans son remarquable poème, l'enfant est roi, mais, objet de toutes les attentions, il est pourtant éduqué à l'aveuglette, au gré des improvisations de ceux qui en ont la charge.

L'éducation — à de rares exceptions près — fut toujours confiée aux parents, sans égard à leur degré d'aptitude en la matière, selon la simple conviction qu'ils étaient les mieux placés pour juger des besoins de l'enfant. Pendant quelques millénaires, les parents ont eu un pouvoir pratiquement illimité sur leurs enfants. A l'instar du droit « divin » du monarque absolu, de nombreux petits monarques s'étaient arrogé le droit « absolu » à l'éducation.

Au nom de l'instinct maternel idéalisé, la mère était censée savoir ce qui était « bien » pour l'enfant. Au nom de l'autorité sur ses enfants — et même sur son épouse —, le père « savait » tout, le fils avait encore tout à apprendre, et la fille était destinée à la cuisine, aux travaux de couture, afin de devenir plus tard une parfaite petite ménagère et de porter assistance à ses parents dans leurs vieux jours. L'enfant n'avait jamais raison, même si les parents étaient fiers de clamer sur tous les toits que leur enfant, à 7 ans, avait atteint l'âge de raison.

Enfin, Freud apparut et, soudainement, tout changea. Depuis lors n'a cessé de se développer une conception « permissive » de l'éducation, qui fait de l'exercice de l'autorité un obstacle à l'épanouissement de l'enfant et de la satisfaction, si possible rapide, de toute envie, de tout désir, l'alpha et l'omega de la bonne éducation, afin d'éviter tout « stress », tout complexe, qu'engendrerait le recours à des rapports d'autorité entre la famille et l'enfant. L'on mesure aujourd'hui les limites de cette conception. Émancipé, libéré des contraintes traditionnelles, l'adulte ne trouve pas pour autant très facilement son équilibre. La permissivité, découlant de la peur du « complexe », ne développe pas forcément une personnalité « libre » chez l'enfant. Lorsque les parents tolèrent passivement que leur enfant se comporte de manière violente ou, même, les insulte, ils renforcent au contraire une agressivité, qui, plus tard, pourra se manifester dans d'autres situations sociales.

La primauté donnée à l'instinct, au désir et à la « liberté » individuelle ne rend pas apte à s'insérer harmonieusement dans la société et rend même quelquefois les comportements acquis incompatibles avec une véritable vie sociale.

En fait, que de parents sont désemparés devant les réactions de leurs enfants, faute de les comprendre et de se sentir en mesure de choisir des comportements adaptés aux besoins et aux désirs qu'ils expriment! Ni le modèle autoritaire ni le modèle permissif ne donnent les clés d'une éducation efficace.

Aussi, est-il urgent, aujourd'hui, de former les parents à l'exercice de ce métier particulièrement difficile qu'est l'éducation des enfants. L'on apprend bien à la mère, dès après l'accouchement, comment donner le biberon, changer son enfant, accomplir toutes les tâches qui permettent de satisfaire ses besoins matériels, observer les signes qui pourraient indiquer un état maladif. Il y a bien une formation aux exigences matérielles de l'enfant, fruit des efforts conjugués de la société et de la cellule parentale puisque, dès la naissance, il n'est pas rare que les grands-mères viennent prêter main forte à leur fille ou belle-fille et veillent ainsi à ses premiers pas de mère en lui transmettant tout ce qui est possible de leur savoir, de leur expérience. Autant il est donc facile de nourrir un enfant — et si la famille ne suffisait pas, livres et pédiatres y pourvoient —, autant une mère est désemparée lorsque son enfant refuse la nourriture. Préparer un biberon ou une bouillie, à bonne température, avec les bons ingrédients, au bon moment, voici une tâche simple, vite maîtrisée et à laquelle la mère a été formée.

Mais comment faire lorsque l'enfant s'obstine, malgré les trésors de patience et d'invention déployés, à ne pas ingurgiter une nourriture si appétissante. Qu'est-ce que cela veut dire ? Que faut-il en déduire ? Comment s'y prendre pour contourner l'obstacle ? Dès que l'on entre dans le domaine de la psychologie, de l'expression de besoins et de désirs autres que matériels, alors c'est le trou noir : peu de connaissances, peu de savoir-faire et, donc, réaction de détresse ou d'agacement des parents. Soit ils considèrent que leur enfant est malade, soit qu'il est en révolte, fait des « caprices » et qu'il faut donc le « forcer » à bien se comporter, c'est-à-dire à manger. L'agacement l'emporte d'ailleurs le plus souvent dès lors que, d'une manière ou d'une autre, l'enfant exprime un trouble affectif, par des comportements que l'adulte ne sait pas interpréter. Et cela vaut pour l'anxiété comme pour l'agressivité, pour la crainte ou le désintérêt, etc.

Alors que l'on sait qu'une bonne éducation affective est cruciale pour l'enfant, que l'on dispose aujourd'hui de connaissances précises sur le cerveau, ses mécanismes et ses modes de fonctionnement comme sur les ressorts biologiques les plus fondamentaux de l'individu, on laisse ainsi la famille dans l'ignorance, on néglige cet élément essentiel qu'est la formation à la compréhension des comportements de l'enfant et à la façon d'y faire face.

Et que dire alors de l'école qui, avec la famille, est le lieu essentiel de socialisation de l'enfant et d'acquisition des connaissances qui lui seront nécessaires à l'âge adulte ? L'enseignant devrait être un éducateur doublé d'un pédagogue. Or, comme l'indiquait un instituteur qui répondait à un journaliste sur sa vocation pédagogique, « nous ne sommes formés que pour transmettre le savoir. » Quelle condamnation pour notre système éducatif, aujourd'hui si profondément sclérosé et si désarmé devant les problèmes psychologiques et sociaux des enfants ! La famille et l'école s'interpénètrent et, s'il est difficile de faire des distinctions d'influence entre l'une et l'autre, l'adaptation de l'enfant à son milieu serait sans doute bien meilleure si la connaissance des mécanismes affectifs et biologiques était davantage prise en compte par ces deux cellules d'éducation.

Aussi, il me semble que le second principe essentiel en la matière est que l'éducation doit s'adapter à la biologie et non la contraindre. Il n'est pas admissible de laisser en jachère la connaissance, désormais approfondie, des mécanismes de fonctionnement de l'organe central de tout apprentissage qu'est le cerveau.

Le biologiste nous l'enseigne : « L'on n'apprend pas n'importe quoi, n'importe quand et n'importe comment. » « Il y a un temps pour tout », dit l'adage ancien, porteur de forte sagesse. C'est bien ce que nos chercheurs modernes ont démontré par la science. Aujourd'hui, nous savons que l'être humain est un être rythmique, soumis comme tout ce qui existe à des vibrations électromagnétiques. La machine est linéaire. L'homme, lui, ne peut pas tourner vingt-quatre heures sur vingt-quatre à la même vitesse. Il est courant de comparer le cerveau humain à un ordinateur. Or, on oublie de dire que l'ordinateur peut fonctionner de jour et de nuit, alors que le cerveau ne le peut pas. Cela est d'autant plus grave que les spécialistes de l'intelligence artificielle, notamment à « Neuronal Data », dans la Silicon Valley, sont sur le point d'introduire dans la mémoire centrale de l'ordinateur une « puce » chimique qui produira des réactions comparables aux échanges qui se font au niveau des neurones du cerveau. Dès lors, il deviendra possible d'avoir un ordinateur dont la capacité d'intégration et de mémorisation sera supérieure à celle d'un cerveau humain. Mais, si ce cerveau artificiel pourra fonctionner vingt-quatre heures sur vingt-quatre, il n'en sera jamais de même du cerveau humain, soumis à l'alternance veille-sommeil constituée d'une succession de cycles non linéaires. Savoir cela est IMPORTANT (le terme est faible) pour tout enseignant.

Quelques exemples suffisent pour comprendre que nous ne pouvons apprendre de façon linéaire. Nos capacités intellectuelles s'accroissent au cours de la matinée et atteignent un maximum en fin de matinée-début d'après-midi (13 h 30), puis retombent et reprennent en fin de journée (18 heures-21 heures). On n'est pas forcément en pleine forme à 8 heures ou à 9 heures du matin, et les débuts d'après-midi ne sont pas nécessairement des périodes fastes.

La structure des cours devrait donc être organisée en conséquence : des activités nouvelles, physiques, devraient avoir lieu l'après-midi, lorsque nos rythmes cardiaque, circulatoire, respiratoire sont à leur maximum. L'éducation physique ne se ferait plus à 9 heures du matin, pas plus que la recherche intellectuelle à 2 heures de l'après-midi. C'est vers 10 heures-11 heures qu'il convient maintenant de placer les séquences nécessitant le plus d'attention. Quant à l'après-midi, on sait que les élèves sont souvent irritables, nerveux, bavards. Ce sont donc les activités artistiques qui passeraient le mieux. Néanmoins, on peut encore stimuler les enfants en faisant de nombreuses « pauses-parking » et en privilégiant les exercices de lecture silencieuse. Le travail individuel peut ici donner de bons résultats.

Quant aux examens, les faire passer à 14 heures et les faire durer quatre heures est un non-sens. On sait en effet que notre cerveau fonctionne de manière cyclique. Nous avons des hauts et des bas, toutes les quatre-vingt-dix minutes, et il faut en tenir compte.

Aucun formateur, aucun enseignant ne devrait être tenu à l'écart des connaissances acquises sur le fonctionnement du cerveau humain. On ne peut plus ignorer aujourd'hui que, selon l'heure de la journée, on ne lit pas de la même manière, que la mémoire varie, et que le sommeil est en constante interaction avec lui-même, à notre insu. L'environnement nous affecte ainsi sans qu'on le sache. Il y a des couleurs qui stimulent, d'autres qui annihilent. Au Canada ou aux États-Unis, on interdit de peindre les murs des classes en brun. Les volumes aussi ont un effet, de même que les variations atmosphériques. Selon la situation de la météorologie, il peut être nécessaire de prévoir des activités dynamiques à la place de séances de réflexion ou de recherche.

Si l'on regarde les choses, non plus dans la journée, mais dans l'année scolaire, chacun peut observer, au lendemain des vacances de Pâques, une certaine lassitude chez les élèves. Ils arrivent le lundi matin fatigués, les fins de matinée et d'après-midi sont très difficiles. Les enfants sont apathiques, amorphes. Ils se plaignent de mal dormir, et l'on note, à cette époque de l'année, une recrudescence de l'agressivité. Ils parlent volontiers de la mauvaise qualité de leur sommeil. (« On resterait encore au lit le matin », disent-ils.) La nuit est beaucoup trop courte, les soirées sont très longues, surtout depuis l'introduction de l'horaire d'été, et les enfants ont du mal à trouver le sommeil. Certains sont réveillés de très bonne heure (5 heures, 6 heures, le matin). De ce fait, le nombre d'heures de repos est très limité, ce qui nuit à leur santé physique et mentale. De plus, le troisième trimestre est entrecoupé de « ponts » qui perturbent encore le bon déroulement des activités scolaires. C'est donc tout l'équilibre entre les trimestres qu'il convient de réaménager, de façon à éviter tous ces dysfonctionnements, maintes fois constatés, mais auxquels il semble que personne ne puisse porter remède.

Un autre aspect du problème doit aussi être pris en considération, celui de la spécificité de nos hémisphères cérébraux.

Le cerveau est un tout, mais il constitue un système différencié dont les composants conditionnent les différents aspects du tout. Des instruments tels que les caméras à neutrons permettent de voir quelles zones cérébrales sont plus particulièrement à l'œuvre dans l'accomplissement d'une activité spécifique. C'est ainsi que l'on a pu déceler que l'hémisphère droit joue un rôle décisif dans l'apprentissage, parce qu'il met en jeu les qualités artistiques et, par voie de conséquence, développe les capacités de mémorisation. On retient mieux la poésie que la prose, ou les paroles d'une chanson dont on connaît l'air. La musique procure une détente. Il s'ensuit que la place de l'art dans les programmes d'enseignement apparaît essentielle. L'hémisphère gauche, de son côté, met en jeu le langage. Cela est très important, car chaque personne étant biologiquement unique peut avoir ses préférences. On peut utiliser son cerveau de façon différente. Certains feront jouer leur hémisphère droit plus que leur hémisphère gauche, ou l'inverse. Cela se traduit dans les attitudes, dans les choix professionnels, les violons d'Ingres, les divertissements ou la façon d'aborder un problème.

On comprend que des problèmes de communication puissent se poser dans le domaine de l'enseignement. Lorsque, par exemple, un enseignant dispense son savoir selon son mode préféré et qu'un élève apprend selon le sien, qui peut être différent, il peut y avoir discordance, et le message ne passe pas. Il y a donc intérêt à connaître ses préférences cérébrales et à percevoir celles des autres. Si l'on veut moderniser notre système éducatif et nos méthodes d'enseignement, il convient de s'orienter vers une pédagogie interactive qui prenne en compte les relations entre l'élève et son environnement (interactions externes) et les caractéristiques de chaque individu, rythmes biologiques par exemple (interactions internes). Alors se profile le principe simple de la chronopédagogie.

Comme il est vrai que la terre tourne autour du soleil et sur elle-même et que l'on ne peut l'en empêcher, il est aussi évident que l'on ne peut changer les rythmes de la vie. Il faut donc composer avec eux pour y gagner en énergie et en efficacité.

Si l'on veut prendre en compte ces observations, qui sont désormais bien connues et bien maîtrisées grâce aux progrès de la science, on pourra améliorer de façon significative le rendement de l'école et résoudre enfin cette question cruciale des rythmes scolaires, qui fait couler tant d'encre et suscite d'interminables polémiques. Ce problème des rythmes scolaires est révélateur de la médiocre efficacité de notre système d'enseignement. Or, les enfants qui entrent aujourd'hui en maternelle devront apprendre à vivre dans la société de l'an 2000. Par quelle fatalité seraient-ils, eux aussi, comme la génération précédente, victimes de la formidable inertie d'une machine qui coûte si cher à la collectivité mais ne répond pas aux attentes d'une société moderne où le savoir, la qualité de la formation reçue seront plus que jamais la condition de la réussite individuelle comme des succès collectifs, dans la formidable concurrence entre les nations qui régit désormais les relations économiques internationales ? Or, que constate-t-on, sinon que le système scolaire ressemble à un vaste quadrilatère qui se rétrécit d'autant plus que l'on s'approche de son sommet ? A la base, très large, une vaste population est intégrée, dès la maternelle, dans cette machine infernale, pour en gravir un à un les échelons et entamer une course d'obstacles harassante et angoissante.

Au fur et à mesure que l'on grimpe les échelons, la base se rétrécit jusqu'au goulet d'étranglement terminal. Beaucoup d'appelés et peu d'élus : l'école rejette un nombre impressionnant de jeunes qui se retrouvent, prématurément et sans qualification, sur un marché du travail engorgé où ils n'ont d'autre alternative que le chômage ou le travail précaire. Chacun, évidemment, s'empresse de rejeter la responsabilité sur les autres, vers les niveaux inférieurs, selon les discours convenus, maintes et maintes fois entendus : « Les problèmes que nous avons au niveau du secondaire tiennent au niveau primaire où l'on n'a pas fait ce qu'il fallait ; quant à ceux que l'on rencontre au niveau supérieur, ils viennent du secondaire. » Bref, on se renvoie la balle, faute de traiter les problèmes, alors que par ailleurs s'accroît la défiance des usagers vis-à-vis du système scolaire et que fleurissent des ouvrages aux titres éloquents *(Lettres aux parents qui ne veulent pas avoir des enfants idiots, Vos enfants ne m'intéressent plus)*. Ces écrits au vitriol, à l'agressivité désabusée, ont été abondamment relayés par des émissions télévisées. Toutes ont mis en évidence l'insatisfaction profonde des élèves, des enseignants et des parents d'élèves, et l'inquiétude partagée devant les dysfonctionnements de l'ensemble. Sans bases, l'individu est handicapé, mutilé toute sa vie. Il risque de ne plus pouvoir s'insérer dans une société en pleine mutation. Alors que l'Histoire s'accélère, il fait du surplace.

Immense gaspillage pour la société que ces individus aux talents laissés pour toujours en jachère ; immense détresse personnelle de ces jeunes. Combien d'entre eux, vite marginalisés, englués dans le non-travail, inadaptés, vont tomber dans la spirale fatale, le trou noir dont on ne ressort guère, la délinquance, l'alcoolisme ou la drogue ! Quel est le coût social de ces échecs ? Nul n'ose le chiffrer ; la peur du vertige est trop forte, mais qui peut nier que tout cela contribue à tendre les rapports sociaux, à déstabiliser notre démocratie en créant des ferments d'insécurité ? Ceux-ci renforcent l'aspiration de beaucoup de nos concitoyens à davantage de sécurité, aspiration qui se donne libre cours, au détriment de la liberté, laquelle est pourtant un élément essentiel de vitalité, de créativité et de performance pour les sociétés occidentales. Quel élu local n'a pas, comme moi, à Nogent-sur-Seine, constaté cette inadéquation, qui ne cesse de croître, entre les besoins des entreprises et les qualifications (ou non-qualifications) des entreprises et des demandeurs d'emploi ?

Nogent, avec sa centrale nucléaire, est une ville qui se développe. Des industries nouvelles s'implantent, les offres d'emploi sont nombreuses. Et pourtant, les demandes d'emploi émanant de jeunes de moins de 25 ans s'accumulent. Une demande sur vingt seulement peut être satisfaite. Effrayé par une telle situation, j'ai réuni les chefs d'entreprise. Leur réponse fut unanime : « La culture générale de la plupart d'entre eux est insuffisante pour pouvoir y ajouter une formation professionnelle. » Alors, bien sûr, je ne suis pas resté inactif. J'ai mis en place un dispositif liant des entreprises, l'Éducation nationale et la ville, pour ouvrir des « chantiers-écoles », qui dispensent à la fois une culture générale et une formation pratique. Déjà, j'enregistre des résultats. Ce qui est possible à Nogent est, sans doute, parfaitement réalisable ailleurs. Il n'empêche, cela n'est pas acceptable !

Nous ne pouvons plus admettre que le système scolaire soit ainsi l'un de nos plus retentissants échecs. C'est lui qui forme le citoyen et prépare les ressources humaines de demain. L'échec scolaire ne peut pas être un choix de société, mais tout ce que l'on constate porte, hélas, à croire le contraire. Il n'est pas de terrain plus propice que celui-ci pour accomplir cette révolution mentale que j'appelle de mes vœux. Il n'est pas de grande cause plus urgente que celle-ci : il s'agit tout simplement d'aller vers une société qui « mette en valeur », au lieu d'accepter une société qui « mette en échec ». Si l'on veut bien réfléchir, innover, créer, cela est possible, et les deux principes précédemment énoncés peuvent largement y contribuer, dès lors qu'ils sont combinés avec un troisième, qui n'est pas moins important.

A l'école, c'est le devenir de celui qui apprend qui est en jeu, c'est-à-dire sa possibilité de s'inscrire dans la société, d'y exprimer son potentiel et de poursuivre son perfectionnement intellectuel, moral et matériel, tout en contribuant à l'amélioration sociale. Pour mieux y parvenir, il convient de prendre en compte ce nouveau principe des temps modernes : apprendre, c'est apprendre à apprendre. C'est la clé, que chacune et chacun peut posséder, pour ouvrir les portes de la réussite : apprendre à utiliser son cerveau pour évoluer, s'adapter, faire face, entretenir et développer ses capacités. Pour cela, il est indispensable de commencer très tôt, dès l'école primaire, et de prévoir dans les programmes des notions adaptées concernant les rythmes, le fonctionnement cérébral, *l'art d'apprendre.* L'art d'apprendre, c'est commencer par enseigner le bon usage des trois actes mentaux essentiels : l'attention, la réflexion et la mémoire. Il existe dans notre pays des enseignants, conscients et responsables, qui ont entrepris ce travail de pèlerins des Temps modernes. Il s'agit du Groupe d'études et de recherche pour l'innovation en éducation et la promotion de la personne (GERIP) de Villeneuve-sur-Lot, dont le président Figeac disait récemment, parlant de son expérience et de celle de ses amis : « Nous nous rendions compte que, si nous voulions conduire nos élèves à la réussite, il fallait modifier notre conception de la communication des connaissances de celui qui sait à celui qui ne sait pas. »

Ce vieux schéma ne correspond plus, en effet, ni à la pratique sociale ni à la situation de l'école. Nous avons mis en place de nouvelles stratégies éducatives, centrées sur une analyse et une pratique de communication, qui correspondent à la fois à l'expérience de l'élève et aux objectifs cognitifs et sociaux de l'école. Aussi, nous avons voulu non seulement expliquer aux enfants, le fonctionnement de la communication, mais les sensibiliser à leur propre fonctionnement cérébral. Connaissant mieux ces mécanismes, ils peuvent appréhender certains types de comportements. Les élèves sont très intéressés par ce type d'initiation, car rien n'est plus motivant que de leur parler d'eux-mêmes.

Voici un exemple concret de cette méthode.

Une classe reçoit la visite d'un guide de haute montagne. Il représente pour les élèves l'aventure, le courage, le mystère. Il répond à leurs questions, mais très vite on s'aperçoit que les enfants sont tellement anxieux de poser leurs questions qu'ils n'écoutent pas les réponses qui leur sont données. Ils veulent s'exprimer pour le plaisir de parler, pour « être », pour exister et non pour communiquer. Aussi, leur a-t-on proposé de méditer sur une phrase : « Le métier d'alpiniste est dangereux. » Les enfants sont alors invités à s'exprimer, mais en respectant une règle. Avant de prendre la parole, ils doivent en quelques mots résumer la pensée de celui qui vient de parler, ils sont obligés d'écouter. Comme l'écrit Henri Laborit, « le rôle de l'enseignement est de faciliter aux enfants la mise en ordre des connaissances acquises, l'établissement des relations entre les faits, la généralisation des concepts, la recherche avec l'enseigné de structures, l'apprentissage enfin d'une méthodologie de pensée et d'action ».

Comment peut-on envisager de structurer la pensée d'un enfant en lui donnant un enseignement destructurant ? Outre l'effort et l'économie de mémoire qu'il procure, un enseignement structuré est source de plaisir pour l'élève qui perçoit clairement le lien existant entre ce qu'il a appris hier et ce qu'il apprendra aujourd'hui et demain. Un tel enseignement est possible. En fait : apprendre, c'est communiquer, c'est-à-dire entrer en relation avec autrui ; mais communiquer, c'est apprendre, c'est structurer notre expérience.

Je n'entrerai pas plus avant dans le détail des recherches entreprises à ce sujet. Certaines ont déjà donné lieu à application, concernant la réunion des conditions optimales du fonctionnement du cerveau, et ont conduit leurs promoteurs à dire que l'hygiène cérébrale doit faire partie de la pédagogie. Je citerai cependant l'extrait d'un travail de Mme Hélène Trocmé, linguiste, maître de conférences à l'IUT de La Rochelle : « On n'aurait pas l'idée de dire au foie ou au poumon comment fonctionner, on leur donne simplement ce dont ils ont besoin. »

Pourquoi n'en serait-il pas de même pour le cerveau ? C'est, en premier, l'oxygénation du lieu d'apprentissage Nous consommons chaque jour 15 kilos d'air et 4 kilos d'oxygène. Le cerveau, à lui tout seul, consomme 20 % de l'oxygène du corps alors qu'il ne pèse que 2 % du poids du corps !

La diminution des ions négatifs en milieu urbain, dans le voisinage des écrans d'ordinateurs, dans les lieux enfumés de tabac ou équipés de matériaux plastiques, est pratiquement ignorée des principaux intéressés. Des milliers d'études sont menées dans le monde entier sur les effets de l'ionisation négative... Mais, à part de rares exceptions, les familles et les milieux éducatifs ignorent l'importance de l'ionisation négative. Tout comme d'ailleurs un chef d'entreprise.

La lumière naturelle facilite la production de neuromélanie, molécule indispensable à l'organisation cérébrale, probablement la clé pour comprendre l'organisation cérébrale, l'homéostasie, l'évolution, le développement embryologique et la réparation de tissu. Le cerveau a besoin des nourritures du « corps » (lécithine, phosphore, calcium, glucose, vitamine B9...) et des nourritures du « cœur ».

Un enfant affamé ou mal aimé est un cerveau mutilé. Encore faut-il que la société et ceux qui la dirigent le comprennent et sachent que l'enseignement est une activité comme les autres, qu'il faut y adopter des principes d'efficacité comme le font les sociétés industrielles ou commerciales prospères. Cela signifie qu'il faut investir au départ pour obtenir, à la sortie, un être adapté, qui ne sera pas jeté au rebut des sans-emploi ou des *desperados* du monde. « Invendable », dirait un « affreux » capitaliste. C'est une situation inacceptable.

Cela veut dire qu'il importe d'assurer les meilleures conditions possibles d'enseignement avec un personnel compétent, qui connaît la neuropédagogie, sachant travailler avec de petits groupes d'élèves, dans des locaux adéquats et faire en sorte que les moments consacrés à la détente et aux loisirs puissent être, de manière ludique, des instants de re-création. Apprendre à apprendre, c'est le huitième art. Il est temps de former les artistes de demain.

Le temps de l'agora.

« Que dirait-on d'un marin qui, avant de prendre la mer, refuserait de se renseigner sur la météo ? On dirait que c'est un imbécile. Et, pourtant, c'est à peu près ce que font les gouvernements lorsqu'ils s'apprêtent à lancer une réforme. Au lieu de se renseigner sérieusement sur l'état de l'opinion, et de tenir compte du fait qu'un bon marin qui veut arriver au port aménage son trajet en fonction de la direction des vents, ces messieurs qui croient tout savoir foncent tout droit, toutes voiles dehors et s'étonnent après cela d'essuyer la tempête. »

Ainsi s'exprimait Marc Ullmann, sur les ondes de RTL, le 4 décembre 1986 au matin, alors que les rues de Paris bruissaient encore de l'écho des tumultes étudiants. Cette crise, cette irruption de la société civile, imprévue et massive, à Paris comme en province, dans le ciel serein de la « coexistence institutionnelle », a confirmé une fois de plus, de manière spectaculaire, les dysfonctionnements de notre système politique, la difficulté pour les gouvernants d'exercer le pouvoir, de gérer convenablement la société complexe qui est désormais la nôtre. Il est urgent de rapprocher les aspirations des citoyens des comportements politiques ; sinon, notre démocratie connaîtra de plus en plus de périodes de turbulences, lourdes de menaces pour les libertés. Une succession de désordres, résultant de ce décalage croissant entre la société et ceux qui nous gouvernent, outre les perturbations en chaîne qu'elle entraînerait, on ne le voit que trop, sur l'économie et la monnaie, finirait par remettre en cause la démocratie elle-même et par provoquer une aspiration à l'ordre, déjà perceptible, qui menacerait le fonctionnement moral des institutions et les fondements mêmes de notre système politique. La démocratie est en danger. Pliant dangereusement sous les coups de boutoir de ceux qui n'ont d'autre idéal que de privilégier la sécurité, fût-ce au détriment de la liberté, la démocratie risque en effet d'être plus profondément contestée encore si des conflits répétés soulignent à l'évidence l'incapacité des pouvoirs publics à gérer notre société. Il y a urgence. Il faut rétablir le fonctionnement moral de notre pays et réapprendre à vivre ensemble, dans le respect des différences certes, mais en acceptant le minimum d'unité et de cohésion sans lequel une démocratie ne peut durablement fonctionner. Cela suppose évidemment de mieux connaître les aspirations et les besoins des gens, d'aller vers plus de dialogue et plus de participation, de prendre le temps d'expliquer, de convaincre, avant de mettre en œuvre telle ou telle réforme. A cela, les politiques comme les technocrates ne sont pas habitués. Notre conception, encore très monarchique du pouvoir, fût-il républicain, ne les y a pas préparés. Et pourtant, cette révolution mentale, il faudra bien qu'ils la fassent, faute de quoi les accidents de ces derniers mois deviendront légion et le pays ingouvernable, disponible pour toutes les aventures, et l'on ne sait que trop à quelle rapidité resurgissent les vieux démons.

Ce décalage entre les aspirations des citoyens et les pratiques politiques ne cesse de s'accélérer, à cause notamment de l'évolution très rapide de la vie des salariés dans les entreprises. J'ai décrit les multiples facettes de la participation à la GMF. Dans le groupe, et je l'ai voulu ainsi, la participation permet d'aller à la rencontre des besoins de ceux qui travaillent, à quelque niveau hiérarchique que ce soit, et permet aussi au plus grand nombre d'être partie prenante des décisions qui concernent la marche de l'entreprise. L'on peut ainsi se dégager du centralisme, de la bureaucratie, de la technocratie, qui sont de véritables fléaux. Les rigidités qu'ils induisent, la frustration qu'ils engendrent, nuisent au climat de l'entreprise et finalement à ses performances, à son bilan, économique ou social. C'est par un projet d'entreprise sans cesse renouvelé, autour des notions de considération, respect, démocratie directe, que nous améliorons aussi bien la rentabilité du groupe que le degré de satisfaction et de fidélité de ses employés ainsi que de ses clients. Bien sûr, cela exige beaucoup d'efforts. Il faut remettre en question et soi-même et l'ensemble du fonctionnement de l'entreprise, les structures, la place des hommes dans la hiérarchie, les produits, et ce, tous les quatre ou cinq ans. Ces méthodes de gestion ne cessent de se répandre dans les entreprises et, peu à peu, celles-ci deviennent de formidables lieux d'instruction civique, d'apprentissage et de pratique de la démocratie, selon des modes de plus en plus directs et des méthodes de communication de plus en plus modernes. Et c'est bien là que le bât blesse. Dans l'entreprise, on ne cesse de consulter, de donner la parole de demander des avis, de communiquer, et ceux qui y travaillent sont des « citoyens salariés », toujours plus conscients, toujours plus éclairés et soucieux de participer au plus près à la prise de décision. Or, ce même « citoyen salarié », lorsqu'il redevient simple citoyen, dans la cité, dans une démocratie, on ne lui demande plus son avis, on ne le consulte plus, on ne lui donne plus la parole et l'on ne communique avec lui qu'à base d'affirmations toutes faites, de vérités qui n'en sont pas. Il a le sentiment d'être considéré comme un idiot, un illettré, un enfant en bas âge, alors que sa culture, notamment économique, s'est considérablement enrichie et que l'on prend à l'aveuglette des décisions qui le concernent, influent sur sa vie quotidienne, orientent parfois son avenir, sans jamais se tourner vers lui. Il en résulte un formidable déficit de considération et, soumis ainsi à ce qu'il considère comme des agressions injustifiées, il réagit soit par l'indifférence, le repli sur soi, le « je-m'en-foutisme », soit par l'agressivité, dont l'expression la plus fréquente, on l'a bien vu ces derniers temps, est la grève. On ne peut plus vivre ainsi, avec un tel fonctionnement des institutions démocratiques !

Qu'on ne s'y trompe pas, je ne dis pas qu'il faut gouverner en fonction des sondages et fluctuer au gré des humeurs de l'opinion. S'il en était ainsi, les hommes politiques perdraient leur raison d'être et l'appel du 18 Juin aurait été une erreur historique, puisque chacun sait bien qu'à cette époque, la majorité des Français préférait la voie choisie par Pétain, celle de la facilité, de l'abaissement puis de la trahison à celle, préconisée par de Gaulle, de la fierté nationale, du refus du fait accompli et de la résistance. Il n'en reste pas moins que les citoyens ont acquis un tel degré de connaissances, une telle habitude de la démocratie participative dans les entreprises, qu'il est devenu souhaitable, nécessaire, impératif d'avoir leur opinion, leur avis dans les domaines essentiels de la vie quotidienne et d'en tenir compte. Si ce qu'ils expriment semble bien, l'homme politique peut décider conformément à ces désirs. Si tel n'est pas le cas, il sait au moins quelles sont les difficultés que va rencontrer la mise en œuvre d'un projet et pourra entamer un processus pour expliquer et convaincre. Cela n'est jamais du temps perdu. Il n'est rien de pire que de se lancer dans une réforme et de déclencher une réaction de rejet qui conduit à la capitulation ou à l'affrontement. Les exemples récents, de la loi Savary de 1984 au projet Devaquet de 1986, sont si nombreux et si parlants que je crois inutile de pousser plus loin la démonstration. Cela ne conduit pas à abaisser la fonction et le rôle du décideur politique, mais à lui donner sa juste place et sa vraie responsabilité.

Sa juste place, car il est révolu le temps où le pouvoir politique était sacralisé, où il était censé détenir la vérité, où le fait d'être élu donnait au titulaire d'un mandat la liberté absolue de n'en faire qu'à sa tête ou de sacrifier l'intérêt général à l'instinct de conservation électoral.

Sa vraie responsabilité, car après avoir consulté sur les problèmes essentiels — la sécurité, la liberté, la propriété, la communication, etc. —, il restera à l'homme politique à décider et à assumer, devant ses concitoyens, la paternité de la décision.

Dans notre société de communication, le principe de base de la démocratie sera de plus en plus la consultation des citoyens sur les grands sujets qui les concernent, afin de réduire cet écart, qui se creuse, entre la réalité sociologique du pays et les pratiques politiques. On voit bien d'ailleurs, avec la crise de toutes les organisations, partis ou syndicats, combien est grande l'insatisfaction de nos concitoyens vis-à-vis de ceux qui sont censés exprimer, relayer leurs aspirations. Plus de démocratie directe ! Certes, me dira-t-on, mais de telles pratiques ne sont applicables que dans les petites cités, Athènes hier, la Suisse aujourd'hui. C'est méconnaître la formidable révolution que constitue la diffusion de l'information. Avec elle, la dimension ne compte plus. *Small is beautiful* n'est plus de saison. Je suis convaincu de l'efficacité de ce parti pris de consultation et de participation.

Il s'agit d'un renforcement fondamental de la démocratie. Pour qu'elle fonctionne mieux, il faut des citoyens conscients et éclairés, éviter que les corporatismes et les groupes de pression ne prennent un poids excessif. Le moyen d'appliquer cela, c'est l'association, la consultation, entre les élus du suffrage universel et les électeurs. La

France est un pays où l'anarchie est au pouvoir. Il existe trop de groupes de pression qui agissent en toute impunité. Consulter les citoyens, c'est les impliquer dans le processus d'élaboration de la décision, empêcher les technocraties d'exercer en fait le pouvoir, ce qui menace les institutions en déconsidérant les élus. Les problèmes essentiels, ceux qui concernent la vie des gens, ne peuvent plus se régler avec ces structures et, d'ailleurs, ils se règlent de plus en plus en dehors d'elles. Il faut faire autre chose, si l'on veut redonner substance et raison d'être à la démocratie.

N'oublions pas, en outre, que les nouvelles technologies permettent facilement la consultation du citoyen : la « puce » est le truchement moderne de la démocratie.

Lorsque le président des États-Unis d'Amérique prend le soin d'étudier les réactions d'un panel de cent soixante mille citoyens américains avant de s'engager dans une action importante, la signification d'un tel acte est exemplaire. Des méthodes d'analyse des comportements constituent aujourd'hui un apport précieux pour faciliter la prise de décision des responsables de nos institutions démocratiques. Elles permettent en particulier de rétablir des équilibres, en apparence rompus, du fait de l'accroissement de la dimension des groupes humains. Ces possibilités nouvelles ne sauraient être négligées par aucun décideur. A plus forte raison lorsque les mêmes analyses tendent à démontrer une évolution considérable des mentalités vers plus de prise de conscience, plus de connaissance ou d'information.

La décision qui produit des effets sur la vie quotidienne des Françaises et des Français est d'origine légale et réglementaire. Les règlements, qu'il s'agisse de décrets ou d'arrêtés, appliquent des mesures législatives. C'est donc au niveau du processus d'élaboration de la loi qu'il paraît souhaitable d'intervenir. Il n'est pas aberrant d'envisager une procédure de consultation populaire entre le moment où un projet de loi est élaboré par le gouvernement, ou bien lorsqu'une proposition de loi émane d'un groupe parlementaire, de députés ou de sénateurs, et le moment où ils sont soumis au vote des assemblées. On pourrait en effet décider que, dans des domaines essentiels, aucun projet de loi, ou proposition de loi, ne puisse être déposé sur le bureau de l'une des assemblées parlementaires, Sénat ou Assemblée nationale, sans avoir recueilli, au préalable, l'avis consultatif d'organismes élus pour cela au suffrage universel. Ces organismes, dont le ressort pourrait être celui des anciens conseils d'arrondissement, seraient composés des représentants des organisations qui participent à la vie économique et sociale du pays (organisations socio-professionnelles, syndicats, associations, etc.). Leur structure, leur nombre, seraient à déterminer et les conseils municipaux pourraient fort bien être associés à cette consultation préalable.

L'avantage de ce système, outre la réponse positive qu'il apporterait aux vœux et aux besoins exprimés par les Françaises et les Français, serait d'amener les responsables des services, des administrations, des divers ministères chargés de préparer, pour le compte des ministres ou des parlementaires, les projets de textes, à prendre le temps de réflexion nécessaire et à tenir compte de l'opinion de la population concernée. Les élus, de leur côté, ne pourraient trouver qu'avantage au fait d'avoir pu s'entourer de tous les avis utiles avant de prendre leur décision. La démocratie, quant à elle, n'en pourrait sortir que grandie et la France rajeunie après avoir ainsi trouvé en elle les forces nécessaires à une innovation courageuse et exemplaire.

Il est temps de redécouvrir que la démocratie exige de la vertu, au sens où Montesquieu l'entendait dans *l'Esprit des lois*. « Les politiques grecs qui vivaient dans le gouvernement populaire, ne reconnaissaient d'autre force qui pût les soutenir que celle de la vertu. [...] Lorsque cette vertu cesse, l'ambition entre dans les cœurs qui peuvent la recevoir, et l'avarice entre dans tous. Les désirs changent d'objet ; ce qu'on aimait, on ne l'aime plus ; on était libre avec des lois, on veut être libre contre elles ; chaque citoyen est comme un esclave échappé de la maison de son maître ; ce qui était maxime, on l'appelle rigueur ; ce qui était règle, on l'appelle gêne ; ce qui était attention, on l'appelle crainte. C'est la frugalité qui y est l'avarice et non pas le désir d'avoir. Autrefois, le bien des particuliers faisait le trésor public ; mais, pour lors, le trésor public devient le patrimoine des particuliers. La République est une dépouille ; et sa force n'est plus que le pouvoir de quelques citoyens et la licence de tous. »

Il faut donc que cette vertu ne cesse jamais, surtout dans le monde où nous vivons. C'est pourquoi, dans le gouvernement démocratique, on a besoin de la toute-puissance de l'éducation pour imprimer chez les enfants ce renoncement à soi-même, cet amour des lois et de la patrie, qui requiert une préférence continuelle.

Pour que, en effet, revienne le temps de l'agora, il faut aussi donner au futur citoyen une instruction civique digne de ce nom. A l'école, jusqu'à une date récente, on n'a plus, depuis longtemps, enseigné l'éducation civique, on ne lui a plus donné l'importance qu'elle mérite. J'observe d'ailleurs que tel n'est pas le cas aux USA ou en Belgique, par exemple. Ainsi aux États-Unis, va-t-on profiter du bicentenaire de la Révolution de 1789 pour faire distribuer dans les écoles des calendriers, avec des exemplaires de la Constitution américaine, organiser des concours sur les grands principes constitutionnels, etc. C'est une prise de conscience qu'être citoyen à part entière, cela veut dire d'abord savoir ce qu'est un citoyen et, par conséquent, recevoir une instruction. Cela commence à l'école, il ne faut pas l'oublier, et il convient de revenir en ce domaine à nos traditions. Donner à nos enfants une instruction civique forte, pour que la démocratie élective, consultative et participative puisse être exercée par des citoyens conscients. Voici encore une tâche urgente à entreprendre.

Dans ce monde nouveau, où l'espace ni le temps n'ont plus la même dimension, où la formation des citoyens est devenue essentielle, vitale, la disposition des médias est décisive, notamment dans nos démocraties. Lorsque l'on sait que le temps nécessaire à la perception du son est plus rapide que celui de l'image, on peut très bien, sans même évoquer la notion d'image virtuelle, celle que l'on croit avoir vue et qui n'est jamais apparue, manipuler les individus en jouant habilement du son et de l'image. Dès lors se pose le problème de la liberté. La situation dépend certes des mœurs, des contrées, des pays. En France, où il existe une tradition de service public, la privatisation de la télévision est un enjeu majeur et beaucoup dépend de la façon dont les choses seront conçues. Le problème est moins, en effet, une question de transfert — de l'État vers le secteur privé — d'une activité primordiale, que de savoir quelle déontologie va se substituer à celle qui, envers et contre tout, existait dans les faits, et qu'imposait la notion, essentielle dans notre pays, de « service public ». C'est bien là aussi une question d'éthique que d'arriver à concilier les exigences de la rentabilité économique avec la créativité et les dimensions culturelles d'un humanisme à la mesure de notre époque. Cette privatisation de la télévision n'est d'ailleurs qu'un cas particulier d'un problème plus global, celui des nationalisations et dénationalisations qu'il convient à mon sens de traiter selon les mêmes principes. Il s'agit d'entreprises, c'est-à-dire, conformément à la définition de notre droit, de personnes morales, d'entités distinctes des personnes physiques qui les composent et les font vivre. En ce sens, l'entreprise est aussi une personne, mais un mot nous paraît important : « morale ». Vu sous cet angle, le problème de la privatisation ou de la nationalisation de l'entreprise change de sens. Le premier impératif est de s'interroger d'abord sur la « morale » de l'entreprise, sur le fait de savoir si elle remplit sa mission d'utilité sociale, plutôt que d'opérer des transferts, au gré des majorités politiques et en fonction de réflexes idéologiques.

Gouverner n'est pas simple, particulièrement dans une démocratie comme la France où, comme le disait le général de Gaulle, il existe près de quatre cents sortes de fromages. Qui le nierait ? Encore faut-il se donner les moyens — ils existent et sont mis en œuvre dans notre pays par beaucoup d'entreprises — de combler le fossé qui continue à se creuser entre pays légal et pays réel, entre réalités sociologiques et institutions. Il faut que nous sachions sortir de nos ornières, briser nos cercles vicieux et oxygéner notre démocratie qui s'asphyxie au gré des pollutions les plus diverses, ainsi que le décrit brillamment Bertrand de Jouvenel :

« Un même courant, quoique d'une rapidité inégale, entraîne aujourd'hui tous les peuples vers le protectorat social. Les intérêts aggravés par l'incertitude, la raison choquée par le désordre, le sentiment révolté par la misère, l'imagination enflammée par la vision des possibles, appellent ensemble un ordonnateur et un justicier. La poussée des besoins, des désirs, des passions et des rêves l'aide à renverser tous obstacles constitutionnels, juridiques ou moraux, déjà menés par la dissolution des absolus, la haine des droits acquis, l'esprit guerrier et barbare des partis. Pour tout faire, il faut que le pouvoir puisse tout. Les peuples comptent qu'il demeurera docile à leurs impulsions, tout en produisant des effets concrets qui ne peuvent être obtenus que par la poursuite continue des plans systématiques. Les experts attendent qu'il règle tous les mécanismes sociaux selon la raison objective, quand il n'est qu'ou bien un centre tourbillonnaire ou bien un foyer de volonté subjective. Tout invite les hommes du pouvoir aux plus vastes ambitions. »

A l'heure où la France est en mal de compétitivité, où elle perd des parts de marché et, avec elles, des emplois et des entreprises, alors que de l'efficacité de notre outil industriel dépend, outre l'emploi, notre niveau de vie et la stabilité sociale, donc politique, du pays, il faut choisir.

Face au libéralisme qui néglige le social au nom de l'économie, au socialisme dont les aspirations sociales rencontrent les limites de l'économie et les pesanteurs étatiques, il est temps de promouvoir l'entreprise au service de l'homme. Son utilité sociale est bien un impératif de notre temps si l'on veut conjuguer efficacité économique et dynamique sociale, mieux harmoniser ces deux bouts de la chaîne que sont l'économique et le social. On peut y parvenir en s'inspirant des principes de l'économie sociale car, *mutatis mutandis,* ils sont transposables. En tant que responsable de la GMF, je sais ce que cela veut dire, ce que cela implique, et j'ai la ferme conviction qu'une telle mutation est possible. Mais, cette mutation nécessaire, pourquoi la circonscrire au monde de l'entreprise, au domaine de la production ? Pourquoi ne pas étendre ces principes, notamment ceux de la démocratie directe et participative, aux institutions politiques et à leur mode de fonctionnement ? S'il est une ambition à nourrir en la matière, c'est bien celle-là. Pour y parvenir, outre les éléments que j'ai précédemment évoqués, il convient de passer d'un état opaque à un état transparent.

Qu'est-ce que cela signifie, sinon transformer le fonctionnement même de l'État ? Au lieu de se substituer au citoyen, il doit créer les conditions pour que celui-ci puisse être mieux informé des grandes orientations de ceux qui nous gouvernent.

Si l'homme est la clé de voûte de l'édifice social, si l'amélioration collective commence par le perfectionnement de la personne humaine, il s'ensuit tout naturellement que le rôle des institutions étatiques, même si elles sont l'expression de la souveraineté nationale par l'exercice du suffrage universel, consiste à favoriser cet épanouissement, sans encadrer l'individu dans une toile si serrée qu'il ne peut s'y mouvoir qu'avec difficulté, en tout cas pas librement. En démocratie, il faut avoir ses aises.

Cette nécessité conduit à remettre en question des usages, des habitudes, qui ont été contractés et qui ont amené progressivement l'État à se substituer au citoyen et à prendre à sa place les décisions qui lui incombent normalement. Tout se passe comme si l'on avait oublié certaines traditions juridiques qui ont été lentement, sagement, élaborées au cours des décennies. Il est vrai que, depuis la IIIe République, on ne les enseigne plus guère. Hormis les spécialistes, quelle citoyenne, quel citoyen connaît encore ce que l'on appelle « les principes généraux du droit », tels que le principe de la liberté du commerce et de l'industrie, l'égalité des citoyens devant la loi ou encore cette règle fondamentale de la démocratie : « La liberté est le principe, la restriction est l'exception » ? Et pourtant n'y a-t-il pas là les fondements d'une éthique où la responsabilité de l'homme occupe la toute première place, comme il devrait être de règle en démocratie ?

Sans porter de jugement de valeur sur les raisons qui les ont motivées, force est de constater que de nombreuses dispositions législatives et réglementaires récentes ont été souvent prises rapidement, bouleversant profondément ces données, sans que les citoyens s'en soient rendu compte (faute d'information ou de sensibilisation suffisantes), ou que les gouvernants eux-mêmes en aient toujours apprécié la portée à moyen et à long terme. Or, en raison de l'évolution de la situation mondiale, la clairvoyance des gouvernants exige qu'ils abordent les problèmes de la même manière que l'enseignant ou le chef d'entreprise. Comment, par exemple, peut-on concevoir ou accepter qu'un système fiscal ne repose pas sur une conception de la vie, mais soit simplement fondé sur des notions de rentabilité ou de justice, sans que soit précisé de quelle justice il s'agit ni de la destination de la rentabilité recherchée ? On est en effet en ce cas fatalement conduit à n'envisager l'impôt que sous son aspect technique, sans référence à une échelle de valeurs quelconque. On pourrait, en revanche, aborder le problème différemment, à partir de considérations éthiques et de la nature même de l'homme.

Par voie de conséquence, on est logiquement conduit à décider de favoriser tout acte créateur. Si l'on ajoute à cette observation le fait que l'une des qualités essentielles des Français est l'ingéniosité, il apparaît normal, et d'intérêt général, que l'impôt ne soit pas une gêne à l'exercice de la créativité. Dès lors, l'investissement productif, d'un individu ou d'une entreprise, devra être défiscalisé. Cela entraîne une révision générale de la manière de penser, et des comportements traditionnels, en matière d'impôts. On cesserait, par exemple, de soupçonner une fondation, avant même qu'elle ait fonctionné, d'être à l'origine de fraudes fiscales, d'où le malthusianisme qui prévaut en la matière. Mais, à l'inverse, on estimerait que la liberté est la règle et non l'exception.

La préoccupation des gouvernants, dont le législateur

fait partie, serait alors de savoir si les décisions envisagées permettent d'harmoniser la solidarité avec la responsabilité, de concilier la sécurité avec la liberté, ou bien si elles ne vont pas contribuer au contraire à favoriser l'indifférence ou l'agressivité des citoyens. Sont-elles un facteur d'harmonie sociale, de progrès, ou un élément de repli et de déstabilisation ? Qui peut nier l'importance d'une telle réflexion sur l'action gouvernementale et législative ? Et pourtant, quel homme politique y consacre l'énergie nécessaire et le temps indispensable ? N'est-ce pas là un de ces « choix de société » dont on nous parle à longueur d'élections, sans pour autant, au-delà de l'ivresse des discours, nous faire toucher du doigt les véritables critères de ce choix ? Et pourtant, c'est bien de cela qu'il s'agit : de quelle société voulons-nous pour le troisième millénaire ?

Pour ce qui me concerne, les choses sont claires. Il est évident que le choix éthique, résultant de la prise de conscience permise par les connaissances acquises, tant au plan de l'histoire, de la biologie que de la philosophie, nous donne la possibilité de tracer les grandes lignes d'une nouvelle façon de vivre ensemble.

J'opte pour une société de progrès, de liberté, de fraternité :

— Une société de progrès, pour que l'homme trouve, autour de lui et en lui, les moyens de son perfectionnement intellectuel, moral, matériel, aussi bien que social et économique. Elle suppose le respect des convictions politiques, syndicales, métaphysiques et philosophiques de chacun. Elle favorise l'orientation et l'évolution des sciences et des techniques vers le bien-être, le bonheur et l'épanouissement de l'homme.

— Une société de liberté, car il n'y a pas de progrès sans liberté, ni liberté sans possibilités de choix. J'avais été frappé, il y a un an de cela, par la lecture, dans les journaux, d'un fait divers tragique :

« Un homme a été broyé hier par la rame 131 sur la ligne 3 à la station de métro Gare Saint-Lazare... Cet homme avait 29 ans. Hier, Bernard marchait au bout du quai, de long en large ; il a écarté les voyageurs, il s'est penché pour apercevoir les lumières de la motrice et il s'est jeté sur les rails, les pieds joints et les bras le long du corps, comme un plongeur. Les deux jambes sectionnées, le visage brûlé, il est mort sur le coup. Il ne tournera plus le coin de la rue Ordener, là où, petit enfant, il découvrait les jeux de billes et de chat perché ; il ne montera plus l'escalier étroit qui sent la friture et les latrines ; il ne lira plus, accoudé au fourneau à gaz sous la lucarne de la cuisine, les offres d'emploi du *Parisien libéré*. Il avait appris le métier de son père : tailleur d'habits pour la confection ; depuis cinq mois il était au chômage : petites annonces, escaliers, rebuffades... et puis ses vêtements à lui sont devenus de telles loques qu'il n'ose plus sortir. Êtes-vous resté des jours entiers sur votre lit, avec le sentiment de n'avoir plus figure d'homme dans un monde qui refuse vos bras ? Bernard écoutait les casseroles de sa mère de l'autre côté de la cloison ; il est à la charge de sa mère ; il est sorti encore une fois ; à l'usine, on l'a refusé comme manœuvre parce qu'il est trop faible ; au bureau, un chef de service a regardé, goguenard, ses souliers troués : pas d'emploi. A 7 heures du matin, le lendemain, il s'est faufilé dans le métro Gare Saint-Lazare à l'heure de la rentrée du travail. Tous sont tenus par l'horloge, affairés à leur tâche. Lui est libre. Il est libre, il peut aller au musée ou parmi les fleurs des parcs, il est libre de penser à la physique d'Einstein ou à l'Immaculée Conception. Pour le moment, il se sent surtout libre de choisir entre le robinet à gaz et la rame du métro. Il est 7 heures du matin. Une journée d'homme libre commence : un homme a été broyé par la rame 131. Bernard, un homme libre parmi des hommes libres, a été broyé par cette liberté. »

On serait tenté de crier, après une telle lecture, « plus jamais ça ! », car il n'y a rien de pire que le désespoir d'un homme et la décision qui en résulte d'interrompre, si brutalement, une vie. Cela me révolte. Je ne peux concevoir une société de liberté qui produise de tels drames. Le chômeur est libre, puisqu'il n'est pas contraint par les horaires de l'usine ou du bureau, par le poids de la tâche quotidienne. Il est esclave, puisqu'il est soumis aux contraintes de la misère. Il est libre de chercher du travail que les employeurs sont libres de lui refuser. Et, en conséquence, il n'est même plus libre de vivre. Il est des limites qu'il ne faut en aucun cas franchir. Au-delà des théories, voire des idéologies, il faut toujours mesurer les conséquences pratiques pour doser convenablement les choses. Pour ma part, je conçois davantage la liberté comme une quête, qui concerne tous les domaines de l'existence. Elle favorise toutes formes d'expression, d'activité, d'entreprise, de création ; permet toutes formes de pensée, de concepts philosophique, religieux, politique, économique ou social ; donne à chacun la possibilité d'accéder, par son travail, à un minimum de ressources indispensables à l'exercice de la liberté elle-même. La liberté doit être telle qu'aucun groupe de pression économique, politique, syndical, philosophique ou religieux ne puisse entraver la liberté des autres ; elle conditionne enfin l'égalité des chances, pour accéder à l'exercice d'une concurrence loyale, génératrice d'améliorations, de richesses et de progrès, en même temps que d'épanouissement de la personne. Enfin, il n'est pas de liberté sans justice et, pour ce qui me concerne, ces deux concepts sont indissolublement liés. Une société qui fait de la justice une règle de vie permet d'attribuer à chacun ce qui lui revient de droit. Elle réalise une véritable équité fiscale, condition indispensable de l'équité sociale ; ne tolère aucun privilège dû à la naissance ou à la fortune et permet à chacun de pouvoir s'exprimer selon ses possibilités et ses aspirations ; elle fait en sorte que le nivellement par le bas ne puisse se faire au nom de l'égalité. Dès lors, et c'est une contrepartie nécessaire, la justice est égale pour tous, sans discrimination de classe ni de race. Cela exige enfin que la séparation des pouvoirs soit respectée et que la justice soit indépendante.

— Une société de fraternité, afin que les hommes et les idées qui n'ont d'autre but que de diviser ne l'emportent pas sur la solidarité qui doit s'exercer, en renforçant le rôle des individus au détriment de celui de l'État. Pour y parvenir, il faut que les citoyens reçoivent une éducation civique et morale qui les prépare à l'exercice de la solidarité et de la responsabilité. Pour cela, l'accès à la culture générale de base nécessaire à toute formation ultérieure est primordial.

D'aucuns — et je les entends déjà, car la générosité, l'amour, sont facilement objets de sarcasmes — diront : généralités, utopie, idéalisme, tout cela ne tient pas compte des réalités, n'apporte pas de solutions pratiques à des problèmes très quotidiens comme le chômage, la pauvreté, la vie chère, l'insécurité, la délinquance.

Mais je dis à mes détracteurs qu'il convient de savoir ce que l'on veut. Ou bien l'on adopte une méthode d'approche des problèmes conforme aux racines de notre culture, en intégrant de nouvelles données, et l'on n'hésite pas à tout remettre en question, systématiquement ; ou bien l'on cultive le superficiel, en continuant à vivre dans les imbroglios, les incertitudes et les confusions : on en restera alors à l'emplâtre sur une jambe de bois, au détriment de la santé du corps, pour se réveiller un matin — mais il sera trop tard — avec une gangrène mortelle.

Un gouvernant clairvoyant est en définitive celui qui repousse la facilité, qui intègre l'hypercomplexité de la vie en société. Loin des débats, enflammés et vains, sur le plus d'État, le moins d'État, le mieux d'État, dont l'abstraction va de pair avec l'irréalisme, je dirai simplement que le pari en faveur de l'homme, par rapport à la société, conduit à faire un choix différent quant au rôle et à la place de l'État dans la France d'aujourd'hui : si Louis XIV pouvait se permettre de dire « l'État, c'est moi », dans une démocratie, « l'État, c'est nous », l'ensemble des citoyennes et des citoyens qui votent et, de ce fait, déterminent la réalité du pouvoir. Ayons garde de ne pas oublier. Il est parfois de simples rappels plus salutaires que de longs discours, des retours aux sources plus productifs que bien des théories nouvelles. Allons à l'essentiel, il nous le rendra.

Lorsque j'ai lancé la Fondation de l'homme citoyen, c'est à cette grande ambition pour la démocratie que je pensais. Je voulais que ce fût un lieu où s'élaborât un projet de savoir vivre ensemble, en confrontant toutes les idées, toutes les croyances, toutes les aspirations. Tous les travaux accomplis jusqu'ici — et ils sont pour beaucoup dans mes réflexions — montrent à l'évidence que la démocratie participative est possible.

S'il convient d'assurer l'accès de nos compatriotes à une citoyenneté à part entière, celle qui consiste à intervenir directement dans le pouvoir d'élaboration de la décision principale, celle qui conditionne, influence, les éléments essentiels de la vie quotidienne, il me semble tout aussi nécessaire de passer de la « classe politique » à la « société politique ».

La « classe politique » est un groupe social, une « classe

sociale » diraient les marxistes, parmi d'autres. Son recrutement est étroitement borné à un certain nombre de catégories, parmi lesquelles celle des fonctionnaires, pour les raisons que l'on sait, occupe une place exorbitante. Elle ne reflète donc pas la réalité sociologique de la nation, la diversité sociale du pays, et bien des groupes n'y sont pas ou peu représentés, alors même qu'ils jouent dans notre société un rôle souvent essentiel. Il ne faut dès lors pas s'étonner de ce que la classe politique témoigne fréquemment d'une grave méconnaissance de la société, avec les inconvénients graves que cela comporte quant à la validité des décisions. Les « professionnels de la politique » ne le sont souvent que de la politique. De là résultent nombre d'aberrations. Cela vaut surtout pour l'économie. Combien de nos ministres, de nos parlementaires, de nos élus régionaux, départementaux ou locaux ont une vraie connaissance de l'entreprise ? Je salue leur souci — au demeurant nouveau — de comprendre des réalités qu'ils ignorent, mais ne vaudrait-il pas mieux ouvrir l'accès aux responsabilités électives à des hommes qui, par définition, connaissent ce milieu mieux que personne, à savoir les chefs d'entreprise ? Cela va d'ailleurs dans le sens de l'une de mes préoccupations essentielles que j'ai précédemment évoquée. J'ai dit mon intérêt pour la notion d'« entreprise citoyenne » et comment je m'efforçais de la faire entrer dans les faits pour ce qui concerne la GMF. Or, à l'« entreprise citoyenne » doit correspondre de plus en plus l'« entrepreneur citoyen ». Il doit disposer, comme aux États-Unis par exemple, des moyens nécessaires à l'exercice de son devoir d'engagement dans la vie de la cité, en intervenant personnellement dans le processus décisionnel, par la détention d'un mandat, parlementaire ou autre.

Je connais les obstacles qui rendent un tel objectif difficile à atteindre. Aussi, je préconise, pour les surmonter, la création d'un Fonds d'intervention civique interprofessionnel (FICI) alimenté par lui-même et par ses pairs, qui permette au chef d'entreprise de financer le salaire d'un manager qui assurera son intérim, notamment lorsqu'il s'agit de petites et moyennes entreprises à caractère industriel, commercial ou artisanal. On pourrait aussi penser à l'exonération fiscale des sommes apportées à ce Fonds, comme cela se passe aux États-Unis, ainsi qu'à la suppression de la possibilité de révoquer *ad nutum* les présidents de conseil d'administration lorsqu'ils se présentent à des élections législatives ou sénatoriales et sont élus.

L'imagination est féconde, le champ totalement libre. A nous de l'exercer.

Il faut donc « démocratiser » l'accès de nouvelles catégories sociales, et notamment des chefs d'entreprise, aux responsabilités électives, si l'on veut enfin que les décideurs politiques traduisent mieux les aspirations et les besoins de la société dans les choix qu'ils effectuent. De telles propositions, d'autres encore, peuvent y pourvoir et « le pilotage de notre société complexe », pour reprendre l'heureuse expression d'un colloque, tenu en novembre 1986, sous l'égide du *Nouvel Observateur,* ne pourra qu'y gagner. Les citoyens, j'en suis sûr, y trouveront aussi leur compte.

Le paradoxe est là : la démocratie est en péril, alors que l'aspiration à l'union et le besoin de considération, tous deux insatisfaits, expriment un désir ardent de démocratie. Les frustrations qui en résultent accentuent les dysfonctionnements de la société. Sociologiquement éclatée et politiquement divisée, la France a besoin d'oxygéner sa démocratie. Il est temps d'y pourvoir. Mais, ouverte aux quatre vents du monde, la démocratie française a besoin de se penser hors des frontières de l'Hexagone.

Le message de la France.

L'art de gouverner, au-dedans, passe par l'art de s'associer. Au-dehors, il passe par la nécessité de construire plus résolument l'Europe (association avec nos voisins) et d'exprimer notre solidarité avec le tiers monde (association avec les plus démunis) : le message de la France ne peut être qu'européen, celui de l'Europe que mondialiste. Aucun peuple ne peut affirmer sa citoyenneté s'il n'a pas conscience de sa dépendance à l'égard du reste du monde.

L'Europe a du chemin à faire pour rester l'Europe.

Cahin-caha, depuis trente ans, puisque nous célébrerons en ce printemps 1987 l'anniversaire du traité de Rome signé en 1957 par les six pays fondateurs de la Communauté, ce que l'on appelle la « construction européenne » se poursuit. Après tant de déchirements, de guerres fratricides qui ont ensanglanté notre vieux continent, voici enfin, grâce à l'effort exemplaire de quelques-uns, la paix et, avec elle, la coopération entre nos nations, et notamment entre les deux voisins, France et Allemagne qui, pour s'être tant de fois fait la guerre, ont choisi la voie de la réconciliation. Loin de moi l'idée de minimiser le chemin accompli. Il est considérable, et cette assemblée de nations qu'est la CEE, désormais élargie à douze, est, malgré ses limites, l'une des aventures les plus exaltantes de notre temps. Raison de plus sans doute pour être exigeant à son égard, en souligner les limites, ne pas se voiler la face sur les difficultés et tracer les voies de l'avenir pour avancer au milieu des écueils internes et des menaces externes qui pèsent sur notre destin.

Parler de l'Europe, aujourd'hui, c'est commencer par la regarder de l'extérieur, par ausculter l'évolution de son environnement, pour bien saisir ce qui se passe autour de nous et identifier clairement les enjeux.

Il n'est pas sans intérêt de jeter un bref regard sur les États-Unis et l'Union soviétique, si l'on veut aborder correctement l'Europe. Les États-Unis incarnent la tradition démocratique et chrétienne, marquée par le respect de l'individu, de la liberté et de l'initiative. Cependant, sur ce continent, tout conduit à la standardisation, à une économie de masse, à une culture de masse.

L'immigration, sur ces terres nouvelles, a coupé les Européens qui y ont trouvé asile de leurs racines ancestrales et des traditions héritées d'un lointain passé. Les irruptions récentes et considérables d'Asiatiques, de Sud-Américains, la croissance démographique de la communauté noire, peuvent certes modifier des équilibres. Il n'en reste pas moins que, dans ce *melting pot,* tel le Romain, l'Américain déclare avec orgueil et foi : « *Civis Americanus sum* », « Je suis citoyen américain. » C'est dans ce contexte que les fondements de la tradition américaine se sont modifiés : la religion du succès, le conformisme sont devenus une attitude commune qui a battu en brèche l'influence chrétienne, même si elle est restée forte. Au fur et à mesure, les États-Unis s'éloignent de l'Europe. La relève des élites, qui s'opère au détriment de la côte Est, comme le glissement des activités, déplace le centre de gravité des États-Unis vers le Sud et l'Ouest. Des cultures et des réflexes, différents de ceux hérités du lien historique avec l'Europe, tendent à devenir prédominants. Peu à peu, les liens se distendent, la communauté de culture s'estompe, le « Nouveau Monde » devient, pour nous, un autre monde. L'Europe est perçue par un nombre croissant d'Américains comme un continent comme les autres, ni plus ni moins familier que le Japon. Les Américains se méfient de l'Europe : ils la voient instable, démunie, en état d'insécurité, et ils se replient sur eux-mêmes dans un isolationnisme attentiste afin, à tort ou à raison, de mieux concentrer leur attention sur ce qui se passe dans le Pacifique, du côté de la Chine, de la Russie ou du Japon. La solidarité qui fondait notre relation s'estompe. Nous pourrons de moins en moins compter sur l'automaticité d'une alliance alors que, par ailleurs, la dérive économique et culturelle des continents nous éloigne, minant les liens hérités de l'Histoire.

Le paradoxe veut que l'attrait des États-Unis ne cesse de croître en Europe, comme en témoignent l'engouement accru pour l'enseignement donné par les universités américaines (Harvard, Stanford, Berkeley ou MIT), ou pour le modèle de synergie des technologies avancées que représente la Silicon Valley, alors que tout pousse les Américains à s'éloigner de nous, à concevoir plus égoïstement leurs intérêts, quand il s'agit de l'Europe, ou à chercher d'autres solidarités vers l'Amérique du Sud ou le Pacifique. La rencontre Reagan-Gorbatchev de Reykjavik doit nous en convaincre s'il en était besoin : le temps n'est pas éloigné où l'Europe devra se débrouiller toute seule, y compris en termes de défense et de sécurité, et ne plus attendre du parapluie américain qu'il se déploie automatiquement en cas de tempête. Par ailleurs, et on le voit bien avec les mesures de rétorsion commerciale adoptées après l'entrée de l'Espagne dans le Marché commun, c'est en termes de concurrence que les Américains situent chaque jour davantage leur relation avec l'Europe, sans abdiquer pour autant leur stratégie de domination économique par l'implantation sur notre continent de leurs mastodontes industriels.

Pendant que les États-Unis s'éloignent de nous, les Soviétiques, eux, se rapprochent de l'Europe et accentuent leur pression, tout en poursuivant par-dessus notre tête un dialogue privilégié avec l'Amérique. Si près de nous, l'URSS dresse son immensité massive, géographique, démographique, économique. Inquiète de son devenir asiatique, obsédée par l'encerclement, préoccupée par la croissance de sa population qui se fait, au détriment de la Russie blanche, au profit des marges asiatiques, ce grand empire multiethnique est le seul à avoir résisté aux grands conflits mondiaux, alors que sombraient l'Empire ottoman et l'Empire austro-hongrois. Il importe de ne jamais oublier, quand on parle de la Russie, qu'il s'agit d'un pays de rigueur et de souffrance, où la nature ne donne pas par elle-même une idée de liberté.

Et puis il y a, enfin, le Japon. Comme l'Allemagne, il n'est plus le pays vaincu, exsangue, humilié du lendemain de la guerre. Comme l'Allemagne, il a retrouvé une formidable puissance économique et, fort de cette réussite exemplaire, cherche à sortir de son statut de nain politique pour voler davantage de ses propres ailes, affirmer ses intérêts nationaux et chercher à les faire prévaloir.

Conscient des limites qui lui sont imposées, il adopte certes une stratégie prudente et progressive, mais on en perçoit cependant les grandes lignes. Je me limiterai ici à un exemple, celui de l'économie. Il nous concerne, nous, Européens, au premier chef. Avec les États-Unis, les Japonais savent jusqu'où ne pas aller trop loin, et l'invasion des produits *made in Japan* a des limites qu'ils savent ne pas pouvoir dépasser, sauf à risquer un conflit majeur avec l'allié yankee. S'ils tournent leur regard sur les immenses marchés chinois et soviétique pour écouler leur production et gonfler encore leurs excédents commerciaux, les Japonais savent que la capacité d'absorption de ces deux grands pays est et restera limitée à cause des performances médiocres des économies socialistes. La société de consommation et l'ouverture sans frein des marchés chinois et soviétique ne sont pas pour demain. Là-dessus, les Japonais ne se font aucune illusion. Les débouchés resteront modestes, malgré l'existence virtuelle d'un marché de 1,3 milliard d'habitants. Aussi, dans la mesure où la machine économique japonaise est lancée à pleine vitesse et ne peut pas réduire son rythme, sauf à créer au-dedans des problèmes considérables, c'est vers la zone de basse pression qu'est l'Europe, vers l'ensemble le plus faible, le plus vulnérable, qu'il est normal de leur point de vue de faire porter leur effort : 230 millions de consommateurs, à fort pouvoir d'achat mais à faible capacité de résistance politique, sont une proie tentante pour les industriels japonais. Il ne faut pas espérer qu'ils puissent y renoncer, d'autant plus que le maintien de limitations protectionnistes à la pénétration des produits japonais laisse des marges considérables, des espaces dans lesquels ils n'hésiteront pas à s'engouffrer.

Certes les Japonais s'interrogent sur l'évolution des formes à donner à la démocratie dans une société technologique, certes ils se soucient d'une éthique pour l'homme à l'aube du troisième millénaire. Mais les immenses qualités de ce peuple original, son sens de l'organisation, son goût du détail, sa minutie dans l'art de communiquer, en font une nation forte qui mérite le respect et qui pèsera de plus en plus sur le destin du monde.

Ainsi, de tous côtés, les pressions sur l'Europe vont se développer. A des titres divers, pour les États-Unis, l'Union soviétique et le Japon, l'Europe des Douze présente de tels attraits, financiers, économiques et commerciaux, qu'il serait illusoire de penser que nous pourrions couler des jours paisibles, cultiver nos mesquines querelles, remettre au lendemain les choix difficiles, sans en payer le prix. A n'en pas douter, si tel était le cas, la facture serait lourde.

    L'analyse de ces données montre à l'évidence la voie à suivre. L'Europe doit s'unir, c'est l'impératif catégorique de notre temps. Mais lorsque l'on se penche sur ce qui a été fait, on en vient à se demander si, en matière de construction européenne, on n'a pas mis la charrue devant les bœufs. La mise en place et, pas davantage, le fonctionnement des institutions politiques et économiques européennes ne peuvent être considérés comme un succès. Cela résulte à mon sens d'un oubli dont nous mesurons aujourd'hui les conséquences. L'Europe ne s'est pas donné comme objectif prioritaire la réalisation des conditions favorables à la naissance d'un esprit européen, et c'est cela qui lui fait défaut. Une communauté n'existe que si ses membres ont le sentiment d'en être partie intégrante. Il doit exister un « citoyen européen », comme il existe un citoyen américain, soviétique ou japonais. Un tel objectif se heurte, bien sûr, à une réalité que chacun connaît, héritée de l'Histoire : l'Europe apparaît au premier abord dans sa diversité, et sans doute cette diversité est une de ses richesses. Mais il faut aller au-delà, si l'on veut fonder une citoyenneté européenne et avancer vers l'unité. Nonobstant ses sources antiques, l'Europe a été traversée au cours des Temps modernes par de grands courants d'idées qui ont, en s'affrontant, modelé le vieux continent et son identité.

    Il s'agit, bien sûr, du catholicisme romain, de la critique de la pensée de saint Augustin, à partir du XIIIe siècle, par une relecture d'Aristote par les Arabes, de la poussée des hérésies et, au premier chef, de la Réforme, du grand mouvement critique, philosophique et scientifique que fut la Renaissance, du mouvement des Lumières qui suit et amplifie ce dernier, fondant une nouvelle foi en l'homme, en la raison, en l'esprit critique et la liberté.

Sur ces fondements, le monde moderne a conduit l'Europe à exporter son modèle de culture : la civilisation européenne apparaît alors comme la civilisation de l'universel, tandis que chez nous la mise en cause de la raison et du progrès, à travers la découverte de l'inconscient et des limites du rationalisme, mettait en question cet héritage au moment ou d'autres se l'appropriaient.

Ces courants, qui ont agité l'histoire des nations européennes, ont marqué chaque peuple d'une empreinte particulière, qui explique la diversité qui nous caractérise aujourd'hui.

« Les Latins, disait André Siegfried[1], disposent ainsi d'un système de débrayage merveilleux qui dissocie consciemment l'action de la pensée, permettant à celle-ci de se placer sans l'intermédiaire d'aucune atmosphère ambiante devant la réalité elle-même ; c'est la garantie suprême de l'entière liberté intellectuelle. »

Les Français, à la fois occidentaux, continentaux et méditerranéens, offrent un équilibre unique. Ils doivent aux Latins leur lucidité intellectuelle, leur don d'expression ; aux Celtes leur esprit artistique et leur individualisme ; aux Germains leur génie organisateur et constructif. Ils apportent à l'Europe un art de vivre, en même temps qu'une sagesse, faite de mesure, sachant que la vie peut donner beaucoup, mais que l'on ne peut tout lui demander.

Qui pourrait mieux parler des Anglais que le général de Gaulle ? Le portrait qu'il en dresse dans ses *Mémoires de*

---

1. André Siegfried, *L'Ame des peuples,* Paris, Hachette

guerre, dans la partie intitulée « l'Appel », consacrée à Londres, mérite d'être cité :

« C'était une rude épreuve que de riposter à la machine britannique quand elle se mettait en mouvement pour imposer quelque chose. A moins d'en avoir fait soi-même l'expérience, on ne peut imaginer quelle concentration des efforts, quelle variété de procédés, quelle insistance, tour à tour gracieuse, pressante ou menaçante, les Anglais étaient capables de déployer pour obtenir satisfaction [...] Chez nous, parmi ceux qui, de près ou de loin, avaient eu dans leur carrière à s'occuper d'affaires extérieures, la concession était le plus souvent une habitude, sinon un principe. Pour beaucoup, à force d'avoir vécu sous un régime dépourvu de consistance, il était comme entendu que la France ne disait jamais : " Non. " Aussi, dans les moments où je tenais tête aux exigences britanniques, voyais-je jusqu'autour de moi se manifester l'étonnement, le malaise, l'inquiétude. J'entendais chuchoter en coulisse et je lisais dans les yeux cette question : " Mais où veut-il donc aller ? " »

A l'heure du tunnel sous la Manche, nous ne devons pas oublier que l'Angleterre est proche du continent, qu'elle fut envahie par les Celtes, les Grecs, les Romains, les Saxons, les Scandinaves et les Normands. Le *melting pot* des diversités européennes a forgé le tempérament anglais, brillant, nationaliste et aristocrate, appréciant le porridge, cette avoine qui réveille les chevaux. Il est de ceux qui ne s'imposent pas, mais veut être tranquille, voir respectée sa vie privée. Il ne ressent pas la solidarité avec les autres hommes et est très attaché à la liberté, pensant que le *middle through* (je me débrouille) est une règle d'efficacité.

L'Allemand est en Europe le continental par excellence. Il sait que son pays est une pièce maîtresse de l'Europe.

Mis à part les Celtes qui peuplent la Bavière, le pays de Bade et le Wurtemberg, et les Slaves à l'est, le fond de la population est germanique et se considère davantage comme une race que comme appartenant à un territoire. L'âme allemande, on le sait, reste une énigme pour beaucoup de nos concitoyens et pourtant, comme elle contribue à la civilisation européenne ! Elle lui apporte à la fois la musique, la poésie, la philosophie, la rationalisation industrielle. Ce qui nous trouble, sans doute, est que ces « fils lointains de l'Asie » n'ont pas en eux la filiation logique, classique, issue de la Grèce. Ils ne sont pas occidentaux à cent pour cent. « Certains pays, écrit André Siegfried, ont une simplicité initiale faisant penser à une ombre transparente et sans mystère. Ici l'on est au bord d'une eau noire, dont on se dit avec inquiétude qu'elle est sans fond. C'est aussi son prestige. »

Telle est la diversité européenne, polie par l'Histoire, une Histoire riche de tant de mélanges, mais marquée par tant de heurts, d'oppositions, de chocs de sentiments nationaux, par la culture comme par la guerre. C'est pourtant cette diversité qu'il faut aujourd'hui faire cohabiter — le terme est à la mode — dans une unité féconde. Face aux dynamismes américain, soviétique et japonais, c'est une âme européenne qu'il faut trouver. Celle-ci ne peut résulter que de l'alliance, de la fusion entre le réalisme latin, l'ingéniosité française, la ténacité britannique et la discipline allemande.

Quand un Américain blanc, noir ou jaune, au lieu de se sentir citoyen du Texas ou de la Californie, se sent citoyen des États-Unis, il se sépare d'une autre réalité historique à peu près nulle, pour s'agréger à une réalité considérable et mondialement considérée. Il noie son particularisme dans la fierté d'appartenir à l'une des premières nations du monde. Cela est bien plus difficile pour nous. Chaque peuple européen est fier, à juste titre, de son « particularisme » : une langue, une culture, un territoire, forgés au fil des siècles, une identité, une civilisation, au sein de la civilisation européenne. Mais cette juxtaposition de particularismes n'est pas insurmontable. Souvenons-nous de la France. N'était-elle pas encore, il y a deux siècles, un « agrégat inconstitué de peuples désunis » ? En cette année 1987 où l'on célèbre le millénaire capétien, nous allons prendre conscience de l'effort prométhéen d'une longue dynastie de rois qui ont su, à force de ténacité, faire de cette mosaïque hétéroclite de principautés disparates, jalouses de leur indépendance, fières de leur spécificité, une seule nation, un seul peuple, parlant une seule langue, sans pour autant araser nos différences et les diluer dans un moule uniforme. Que de différences entre la Bretagne et la Provence, la Gironde et l'Alsace ! Et pourtant nous vivons ensemble, après avoir subi victorieusement les assauts de l'extérieur. Lors de la guerre de 1914-1918, mêlés au front, Bretons et Auvergnats, Languedociens et Picards, Charentais et Champenois sont morts pour leur pays, ont versé leur sang pour leur patrie, pour cette France dont ils se sentaient partie, quelle que soit leur origine régionale. Ce que nous avons fait en France, il faut l'entreprendre pour l'Europe, mais plus vite encore, car le temps presse, les jours sont comptés. Puisque l'Histoire s'accélère, sachons la prendre de vitesse. Ce n'est peut-être pas si difficile qu'il y paraît.

Si l'Europe, menacée de l'extérieur et minée à l'intérieur, doit se soumettre à une règle, c'est celle de ne rien détruire d'elle-même. C'est le rassemblement de ces merveilleuses qualités nationales qui se complètent, qui peut constituer la base d'une sorte de fédération des États-Unis d'Europe. A condition que celles et ceux qui y croient, et qui souhaitent réussir, ne se contentent pas de clamer leurs espérances mais se considèrent en état de mobilisation permanente sur le terrain. Que les gouvernants fassent preuve de clairvoyance, que les gouvernés le comprennent et agissent, alors l'Europe et le monde seront gagnants. Pour réussir l'Europe des marchands, faisons l'Europe de l'esprit. Comment faire ? Prenons un cas précis, pratique. Depuis la fin de la Seconde Guerre mondiale, les jumelages entre cités d'Europe se sont multipliés. Des échanges annuels ont lieu entre jeunes et adultes, des manifestations, des fêtes sont célébrées, parfois plusieurs fois par an, en commun. A-t-on jamais, en dehors des référendums organisés au niveau des États, songé à instaurer une sorte de démocratie participative afin que, dans chaque ville jumelée à une autre ville d'Europe, des groupes de travail se constituent, comme des états généraux, pour échanger leurs idées et réfléchir à ce que pourrait être un projet de savoir vivre ensemble en Europe ? Lançons donc, il n'en est que temps, des clubs d'idées composés d'Européens, en Europe et pour l'Europe. Personne, en tout cas, n'aurait à perdre à expérimenter cette voie. N'est-ce pas Jacques Delors qui disait : « Lorsque la croissance faiblit, lorsque les gouvernements doutent, les peuples et les forces unies de l'Europe doivent prendre le relais en s'appuyant sur une vision mobilisatrice d'eux-mêmes. »

De même, et toujours en restant à un niveau très pratique, tirons les leçons du succès de l'OFAJ (Office franco-allemand pour la jeunesse) pour en étendre le champ à l'ensemble des douze pays qui composent désormais la Communauté européenne. Pour vivre ensemble, il faut se parler et se comprendre. Pourquoi ne pas lancer un vaste programme coordonné d'étude des langues des pays européens, d'autant plus utile que certaines d'entre elles, en nous donnant la clé pour communiquer avec des voisins, nous ouvrent aussi les portes d'une partie du monde ? L'anglais bien sûr, cela va de soi, mais l'allemand, pour parler à nos frères de l'autre Europe, de la Mitteleuropa ; l'espagnol et le portugais pour nouer avec l'Amérique du Sud les liens que beaucoup appellent de leurs vœux et renouer avec l'histoire de ce qui fut l'une des grandes épopées de l'Europe ; le français, notre langue, pratiquée par 120 millions de personnes à travers le monde, de l'Atlantique au Pacifique, du Québec au Vietnam, du Nouveau-Brunswick à la Nouvelle-Calédonie, du Sénégal au Liban. L'Amérique, l'Afrique, le Proche-Orient, l'Asie, le Pacifique, quel meilleur trait d'union que notre langue entre tous ces continents ? L'italien, j'allais écrire pour le plaisir, car chaque mot a un goût de Venise, chaque phrase est un morceau de choix d'une civilisation d'excellence à laquelle nous devons tant, sans oublier la formidable réussite économique d'un pays considéré longtemps comme l'homme malade de l'Europe des Six et qui est aujourd'hui bien plus qu'un douzième de l'Europe élargie.

L'effort sur les langues ouvre les chemins de la culture et de la communication, de la tradition et de la modernité, de l'histoire et de la science-fiction. Quel trait d'union, quel meilleur ferment d'unité que cette mise en commun de ce que nous avons de meilleur en utilisant les moyens les plus modernes, désormais à notre disposition ! De grâce, ne manquons pas le rendez-vous de la télévision européenne, support d'une création renouvelée à l'échelle de notre continent. Multiplions enfin les signes extérieurs d'Europe : le passeport, nous l'avons déjà ; le drapeau, pourquoi pas, c'est un signe de reconnaissance ; l'hymne, pour chanter ensemble, et quel merveilleux symbole si, sur tous les stades du monde, la victoire de l'un d'entre nous, suivie de son hymne, était aussi celle de nous tous, les douze

Européens, suivie de notre hymne ; un président enfin, j'y suis favorable, pour qu'une personne physique incarne cette personne morale que serait une Europe unie autour d'une éthique commune, celle de la démocratie participative et des droits de l'homme.

Au total, qu'est-ce que l'idéal européen, sinon un espace de démocratie politique, de réussite économique, d'efficacité sociale, de liberté individuelle ? Y a-t-il, dans le monde, une civilisation susceptible de rivaliser avec celle-là ? Sans doute pas, dès lors que nous aurons versé, au pot commun de l'Europe, toutes nos richesses nationales. Une Europe telle que celle-là sera conforme aux racines de la civilisation européenne et occidentale.

Les trésors africains
et les bouillonnements latino-américains.

Ce problème des États-Unis d'Europe, dans les méandres institutionnels duquel je n'entrerai pas, ne peut être séparé d'un contexte plus vaste, celui du monde. Je pense, avec foi et détermination, que la genèse d'un esprit européen, dans l'état où l'Europe se trouve, sera favorisée grandement par la projection extérieure de l'éthique humaniste qui est la sienne, parce qu'elle est porteuse d'espoir.

La complémentarité exceptionnelle des qualités des peuples de notre continent, si l'on sait l'utiliser intelligemment en transcendant les différences et les individualismes, peut à coup sûr être mue en énergie active faite de création, d'initiative, de cohésion collective et, par voie de conséquence, être un ferment mobilisateur pour les citoyennes et les citoyens d'Europe, afin de promouvoir le progrès et la prospérité, là où il le faut dans le monde. Il n'est acceptable pour aucun Européen, même si des difficultés passagères ou permanentes comme le chômage ne sont pas résolues dans nos pays, d'admettre que le fonctionnement des circuits d'entraide internationale ne permette pas de réaliser l'adéquation entre la misère et la faim d'un côté, les excédents et l'opulence de l'autre. Que les Européens ne puissent se désintéresser de l'Amérique latine, de l'Afrique ou de l'Asie est, en effet, une évidence. Mais, il nous semble essentiel de souligner avec force la nécessité dans laquelle ils sont de modifier fondamentalement leur façon d'aborder les problèmes qui s'y posent. Un déclic mobilisateur pour l'Europe peut en effet se produire en répondant à l'exigence de solidarité avec le tiers monde.

C'est l'équilibre général des relations entre les hommes sur la terre, et en définitive la paix, qui sont en cause. La recherche de solutions exige que l'on se soucie tout autant de l'esprit que de la matière, de la motivation des cœurs que de la nourriture des corps. La voie royale est la voie royale : harmoniser la sécurité avec la liberté, promouvoir la solidarité en éveillant les individus au goût de la responsabilité, considérer la violence et l'agressivité comme un phénomène contre nature, lutter contre l'abandon et la désespérance.

Parler de tout cela et évoquer l'Afrique paraît une gageure. Ce vieux continent, qui vit sans doute naître le premier homme, a surtout connu dans son histoire les divisions et les guerres, les haines, les querelles, l'esclavage. Et pourtant, au-delà de la balkanisation des États, dont certaines frontières artificielles traversent les ethnies, il existe, gisant au fond de l'âme africaine, un incomparable trésor que la création plastique, merveilleusement multiforme, exprime de manière émouvante. Traversant le temps, conservée jalousement, la richesse mystique des mystères et des symboles fait vibrer l'âme du continent africain. Ce fonds commun qui unit le présent au passé peut constituer le ciment dont les Africains ont besoin pour se rassembler. Sans une prise de conscience de ce qui les unit, les Africains ne pourront faire face convenablement aux immenses problèmes qu'ils ont à résoudre et dans lesquels les Européens ont d'ores et déjà leur part.

La question africaine, à l'instar des autres, ne saurait être abordée avec un esprit de conquête ou de pouvoir à prendre. Ce serait une grave illusion que de le croire. Le président Senghor l'a dit mieux que quiconque. La voie des solutions possibles aux difficultés économiques et sociales présentes et à venir nous paraît passer d'abord par le spirituel plutôt que par le politique. Les Européens sont en tout cas particulièrement concernés par ce qui se passe, de cet autre côté de la Méditerranée. Là encore, une évolution mentale s'impose à eux, elle résulte de l'implacable exigence de solidarité.

Pour des raisons de sécurité, des regroupements se font en France, en Europe, sous forme de clubs ou de concentration d'entreprises. Il s'agit d'un phénomène d'adaptation, voulu ou instinctif, à un environnement, qui se modifie très vite et à l'accélération du mouvement de la vie, des êtres et des choses. C'est la même exigence qui s'impose, au niveau des relations de production, d'échange et de répartition des biens et des services, entre les grands ensembles constitués par les continents.

Une nouvelle civilisation mondiale, que l'on pourrait appeler la civilisation du « don », est en train d'apparaître. Tant il est vrai que la solidarité ne vaut que si le respect de la personne humaine l'accompagne, c'est cette nouvelle forme de coopération qui doit se mettre en place, entre une Europe unie et un continent africain qui se cherche, entravé dans sa quête par la misère, la faim, le sous-développement et la violence qu'il engendre.

Le contexte latino-américain est globalement identique

dans ses grandes lignes à celui de l'Afrique, nonobstant les particularismes locaux, qui traduisent la différence entre les pays de vieille civilisation, tels que le Pérou, la Colombie ou le Mexique, et d'autres qui n'ont pas été marqués de la même manière. Les particularismes, en effet, telles les traditions incas dont on retrouve la trace dans la pensée des mouvements coopérativistes andins, peuvent contribuer à renforcer ce que j'ai appelé « le fil directeur ». Outre ces pays, le continent sud-américain a été sensibilisé par d'autres mouvements de pensée. Il est hors de doute que l'influence de la Révolution française de 1789 a inspiré bien des Constitutions, bien des tentatives de libération de l'homme, de Bolivar à Allende, en passant par des écrivains comme le Vénézuélien Marquez, le Brésilien Jorge Luis Borges ou le Mexicain Fuentes, pour ne parler que de contemporains. Au travers de ces écrits, des préoccupations exprimées par les jeunes élites bouillonnantes de ces pays, on peut discerner la lueur de l'espérance. Là-bas aussi, à Brasília, Buenos Aires, Bogota, Mexico, Lima, l'Europe est attendue, pour des coopérations fructueuses et désintéressées. Sachons ne pas les décevoir. En Afrique comme en Amérique latine, ce sont les principes que nous essayons de mettre en pratique avec l'AMES, principes que j'ai précédemment évoqués, dont il faut s'inspirer. Le poids de l'Europe est tel, sa capacité de coopération si importante, que la mise en commun de ses moyens autour d'une éthique, celle de la « civilisation du don », peut bouleverser les relations entre les pays développés et ceux du tiers monde. A nous de démontrer ainsi que le pire n'est pas fatal, à nous de faire du bonheur une idée neuve hors de nos frontières aussi, chez les plus démunis de la planète. Oui, l'Europe peut être généreuse et efficace : inspirée par une morale (désintéressement, respect, dignité) au service d'une action (troc, compensation, don), elle peut aider les autres à s'aider eux-mêmes. Quelle frontière plus exaltante offrir à la jeunesse européenne qui ne cesse de montrer son intérêt pour les causes les plus nobles ? Donnons du sens à ses engagements spontanés, ils n'en seront que plus enthousiastes.

Sous son apparente complexité, l'Europe recèle en elle les sources de son unification spirituelle. Celle-ci est nécessaire à sa survie et, ce faisant, elle peut reprendre alors le flambeau d'une culture de l'homme, par l'homme, qui est la racine même de la civilisation européenne et occidentale. A elle de projeter au-dehors son éthique, en direction du tiers monde, qui n'attend que cela pour échapper à la fatalité de la faim et de la misère. Encore une exigence pour notre temps.

Conclusion

J'aurais pu, pour conclure, rappeler que rien ne se réalise dans le monde sans que d'abord des élites agissantes, des petits groupes conscients et éclairés, se mettent en marche pour sensibiliser les foules.

J'aurais pu souligner que, dès lors, la mobilisation des esprits et des cœurs, singulièrement dans notre pays, dépendait en large part des femmes et des jeunes.

J'aurais pu dire que cela allait de soi car, de tout temps, dans l'histoire de la Gaule et des autres pays, la femme joua un rôle déterminant et fut notamment à l'origine des vraies révolutions, celles qui ont marqué l'évolution de l'humanité.

A cause de ce qu'elle est : la compagne, la mère l'éducatrice, qui veille sur la famille. Mais il est évident qu'aujourd'hui plus « citoyenne » qu'hier, la femme en France assume bien plus que la charge du foyer. Elle est dépositaire de notre devenir.

Quant aux jeunes, ceux de 16 à 25 ans, ils n'ignorent pas ce qu'ils ont à accomplir. Ils sauront, le moment venu, faire la part des choses, sans qu'il soit besoin d'avoir à leur égard un autre comportement que celui de la confiance.

Le temps n'est plus à la démagogie ni au laxisme. Il ne s'agit pas de convaincre, à tout prix ; simplement d'éclairer le chemin, afin que chacune et chacun en prenne la mesure, à sa façon, et s'y engage ou non selon sa volonté.

S'il est un appel à faire, c'est, avant tout, à la conscience de la relativité des choses de la vie, qui permet de les mettre chacune à leur place dans la hiérarchie des valeurs.

Mars 1916. Nieuport. Assis derrière une modeste table, éclairé par une bougie, le brancardier Pierre Teilhard écrit à sa cousine Marguerite :

> « Petit à petit, mes idées se regroupent et se précisent autour de ces mots, un peu mystérieux et prétentieux : la vie cosmique. Je pars de ce fait que, à l'incroyant pour mettre un peu d'absolu dans sa vie, au croyant pour rester en phase et en contact avec le monde de son temps, il est indispensable d'élargir la vie intérieure jusqu'à lui faire englober la conscience des liaisons et des courants qui nous entraînent. Il y a le courant des énergies physiques et de la matière [...] ; il y a la vie sur laquelle nos individualités naissent comme des tourbillons sur un fleuve : la vie organique, née au sein de la nature, qui se prolonge à travers nous pour aller plus loin, la vie consciente et individuelle avec son déterminisme particulier et ses tendances fatales vers quelque complétion et achèvement de lumière, la vie sociale, si riche de déterminismes qu'on croirait en la voyant évoluer, assister à l'édification d'une nouvelle matière ; il y a la vie surnaturelle et ses affinités, confondues avec une part de nos aspirations humaines. Nous avons parfois l'illusion d'être un petit tout, autonome et achevé. En réalité, nous sommes un atome conscient, noyé avec tout le cosmos. Voir cela, c'est ce que j'appelle l'éveil cosmique. Quand une âme a vu cela, elle ne peut plus l'oublier. »

Au-delà de la pensée de Teilhard, nous savons mieux encore, soixante et onze ans plus tard, grâce à la conquête de l'espace devenue réalité, que nous avons en face de nous quelque chose de vaste, d'unique — c'est l'univers —, et que nous n'en apercevrons jamais qu'une partie avec nos yeux, avec nos cerveaux ; car l'univers n'est pas en dehors de nous ; nous sommes dans le cosmos ; nous en sommes des fragments.

Nous sommes faits à son image, engendrés par les mêmes lois. Il n'est pas étonnant que la structure de notre esprit et de notre cerveau reflète celle de l'univers. C'est grâce à ce cerveau hypercomplexe en perpétuelle évolution que nous parvenons à mieux comprendre le cosmos. Nous entrons de la sorte, par le biais de la curiosité scientifique, dans la voie de la convergence, mais nous ne pourrons l'atteindre seuls, sans la plus formidable et la plus mystérieuse des énergies cosmiques, sans altruisme, sans amour.

Ainsi, comprenons-nous que l'homme doit cesser de se comporter comme s'il voulait refuser les lois d'une nature dans laquelle il s'insère, inéluctablement, obligatoirement, qu'il le veuille ou non.

Partout, une quête s'engage ; j'imagine volontiers qu'elle puisse, à un moment donné, se comparer aux longues marches des pèlerins de Saint-Jacques-de-Compostelle ou des samouraïs de l'empire du Soleil-Levant et qui serait celle de la liberté pour l'homme.

S'il est vrai que la Révolution française et la *Déclaration des droits de l'homme et du citoyen* furent un facteur de mobilisation de milliers d'hommes et de femmes dont le bruit sourd des pas continue à ébranler le sol sous nos pieds, les conditions de notre environnement actuel sont différentes.

C'était en effet, à cette époque, la première génération des droits de l'homme : celle où l'individu citoyen s'opposait au pouvoir institutionnalisé dans un homme, ou un appareil d'État, affirmant ses droits.

La seconde génération apparut avec la révolution industrielle du XIXe siècle, dont les effets socialement déstabilisateurs permirent de mettre l'accent sur le fait qu'il n'y a point de droits qui vaillent sans possibilité de les exercer. L'ordre de priorité changea, ce furent les droits économiques et sociaux, individuels ou collectifs, dont l'individu citoyen exigeait la reconnaissance par l'État, et qui ont nom : droit de grève, droit syndical, droit au travail, droit à la Sécurité sociale.

Enfin, nous voici dans un autre monde caractérisé par la cohabitation de l'abondance et de la faim, par l'interdépendance des nations, par la communication, par l'hypercomplexité des relations humaines et, peut-être, par le dépassement de l'homme, par la nouvelle alliance de la science, de la philosophie et de la spiritualité.

Une nouvelle exigence se forge, une autre génération apparaît, la troisième, celle des droits et devoirs de solidarité.

La devise de la République française reste la même, mais l'ordre de ses termes est modifié dans les faits. Ce n'est plus aujourd'hui « Liberté, Égalité, Fraternité » qu'il faut, semble-t-il, clamer, mais plutôt « Fraternité, Liberté, Égalité ».

Dans le monde des bouleversements technologiques, des déséquilibres démographiques et des mutations biologiques, il apparaît, comme un lever de soleil apporte la lumière, que, sans la solidarité des hommes entre eux, il ne peut y avoir de liberté possible ; que si la règle de vie solidaire ne triomphe pas, il n'y aura point de paix possible ; et que l'absence de paix caractérise une situation où les droits de l'homme et du citoyen ne sont pas respectés. Tout simplement parce qu'il existe des hommes qui ne font pas leur devoir ou qui ne croient à rien d'autre qu'à eux-mêmes, perdus dans la certitude de leur vérité.

Si toutes et tous, citoyennes et citoyens français d'abord, citoyennes et citoyens dans le monde ensuite, nous comprenons cela, il devrait être possible de faire l'économie de la violence.

Nos ancêtres révolutionnaires n'échappèrent point à la terreur. Nous avons par rapport à eux une supériorité ; nous savons, grâce à une meilleure connaissance du fonctionnement du cerveau humain comme de l'évolution des espèces, que l'agressivité, quelle qu'en soit la forme, est un accident de parcours et que nous pouvons l'éviter en remédiant aux causes profondes qui mettent les vivants dans un état de dysharmonie.

Il nous suffit, par conséquent, de faire ce qu'il convient, là où il faut, quand c'est nécessaire, en nous comportant, dans toutes les relations que nous entretenons avec les autres, avec le plus de désintéressement et de générosité, le plus d'amour possible, en laissant les divisions à la porte de nos maisons.

En 1989, le monde va commémorer le bicentenaire de la Révolution française et de la *Déclaration des droits de l'homme et du citoyen;* préparons-nous à nous mobiliser pour que ce soit la fête de la fraternité universelle, la fête de la vie.

En effet, la joie de vivre contient tout : la pureté, la beauté, la bonté. Elle est l'expression tout à la fois d'une dynamique de l'existence et de la sagesse conquise.

Elle résulte d'une longue et difficile démarche. Elle est le fruit de la plus noble et de la plus ardente obligation de l'être vis-à-vis de lui-même : aimer.

Avoir la joie de vivre, c'est :
— aimer ce que l'on fait,
— aimer ce que l'on a,

— aimer créer pour soi et pour la collectivité,
— aimer les autres,
— aimer la vie.

Avoir la joie de vivre, c'est être jeune.

Avoir la joie de vivre, c'est avoir la joie d'aimer, et en être heureux, pour être utile, c'est jouer convenablement son rôle.

Avoir la joie de vivre enfin, c'est offrir sans compter son sourire.

Dans *le Pèlerinage aux sources,* Lanza del Vasto expose dans un bref passage sa conception de la vie, qui me paraît s'appliquer merveilleusement à la situation présente :

> « La vie, dit-il, se nourrit de destructions. La vie est tout de même la plus forte. L'amour, au fond et à la fin, est plus fort que la haine. Telle est, grâce à Dieu, la loi du monde. Cette loi, je l'ai fait entrer dans ma propre vie, selon une méthode rudimentaire. Je ne dis pas que tous mes problèmes s'en soient trouvés résolus, mais cette méthode m'a paru plus expédiente que celle qui consiste à s'opposer au mal en le redoublant. »

Que gouvernants et gouvernés, que peuples et princes s'y emploient, alors peut-être la terre tournera-t-elle plus rond...

... alors, ma fille, Véronique, toi qui savais si bien accrocher la charrue aux étoiles, peut-être pourrons-nous, en paix, danser ensemble la dernière valse...

Table

Avant-propos	7
I. *Les racines d'un homme simple*	13
Un coin de France pour un enfant	15
Il n'y a rien de plus beau que de servir l'État	27
Une infidélité créatrice : les charmes de l'économie sociale	58
II. *Entreprendre, avec les autres, pour les autres*	71
La démocratie locale, ça se pratique	74
L'entreprise participative : le profit social	87
– *L'économie sociale : avoir plus pour être plus* . . .	89
– *L'économie participative et citoyenne*	97
– *A l'écoute du monde.*	114
III. *Une éthique de la connaissance*	131
Les désordres du monde ; le désarroi des individus	133
Le fonds commun de l'humanité	145
– *La théorie de l'entonnoir.*	146
– *L'unité de l'histoire de l'humanité*	153
Du cerveau procède toutes choses	157
– *Les acquis de la biologie.*	157

    – *Le renouveau de la philosophie*   161
    – *Une éthique pour l'homme d'aujourd'hui*   166

IV. *Le fil directeur*   175

    Le fil directeur   178
    Apprendre à apprendre : le levier de l'éducation . .   187
    Le temps de l'agora   202
    Le message de la France   222
    – *L'Europe a du chemin à faire pour rester l'Europe*   222
    – *Les trésors africains et les bouillonnements latino-*
    américains.   234

    Conclusion.   239

IMPRIMERIE S.E.P.C. À SAINT-AMAND (4-87)
DÉPÔT LÉGAL MARS 1987. N° 9631-5 (642).